萨尔瓦多·达利

我是一个天才

DALÍ AT HOME

焦点艺术丛书

萨尔瓦多·达利

我是一个天才

DALÍ AT HOME

【爱尔兰】杰基·德·伯卡 著 / 邵旻 姚冰 译

GUANGXI NORMAL UNIVERSITY PRESS

广西师范大学出版社

桂林

第2页图：位于菲格雷斯（Figueres）的达利戏剧博物馆的正面细节图。

上图：达利在利加特港（Port Lligat）的居所，摄于1957年11月。

第6～7页跨页图：位于卡达克斯（Cadaqués）的达利居所。

萨尔瓦多·达利

我是一个天才

目录

第一章：根和成长环境　9

第二章：无与伦比的美和视觉幻象　27

第三章：一个志向远大的世界　39

第四章：从隐士到马德里的时髦绅士　49

第五章：在巴黎崭露头角　61

第六章：步入超现实主义　73

第七章：吸引力、幻想和经济状况　91

第八章：我是超现实主义　103

第九章：在美国扎营　119

第十章：宗教和政治的蜕变　129

第十一章：科学、精神和加拉的威严　145

第十二章：不朽和死亡　163

第十三章：达利式神话　177

大事年表　193

尾注　201

原版书图片索引　215

致谢　217

《夕阳中的利加特港》（*Port Lligat at Sunset*，局部），1959年，布面油画，76.5厘米×58.5厘米，私人收藏。

第一章：根和成长环境

达利弥足珍贵的，是他的根和触须。

深深扎入泥土里的根，以及不断寻求营养的触须。

——吉尔斯·内雷特（Gilles Néret）[1]

1904年5月11日，萨尔瓦多·达利（Salvador Dalí）[2]出生于西班牙阿尔特-埃姆波尔达（Alt-Empordà）地区，那里风景秀丽，是达利一生热爱的土地。然而，来自特曼恩塔纳山（Tramuntana）时速近130千米的山风，重新塑造了这片美丽得让人难以忘怀的土地。陡峭山坡上摇摆的松树点缀着加泰罗尼亚（Catalonia）区域的地中海。从特曼恩塔纳山刮来的山风总是来势汹汹，它不遗余力地打造出比利牛斯（Pyrénéés）山脉白雪皑皑的美丽山顶，并深深地影响着那里的居民，甚至逼得一些人走上了自杀的道路。据说，埃姆波尔达人为了生存必须持续对抗山风，这赋予他们坚韧不拔的特质。萨尔瓦多·达利和他的父辈同样经历了这条性格塑造之路。为了逃离未知的灾难，达利祖父决定举家迁去巴塞罗那。[3]然而矛盾的是，这些带来灾难的山风也带来了浪漫主义，那些像极了幻觉的自然风貌，恰如达利的艺术。

特曼恩塔纳山呼啸的山风和四周海水的不断侵蚀，造就了美丽壮观的海岸线，这条海岸线环绕着自然奇观克雷乌斯角（Cap de Creus）自然公园，位于加泰罗尼亚的最东边。年幼的萨尔瓦多·达利在这里度过了悠长、快乐的童年时光，他与美丽的自然风光融为一体，梦想成为一名地理学家。这里的光线似乎有着神奇的力量，使景物的色彩如戏剧情节般不断变幻。即便是一个完全不善于想象的人，也能在这片自然天堂里被激发出灵感。最令人感到惊奇的是那些岩石，它们时而像动物，时而又幻化成超现实的形状。毫无疑问，这片土地滋养着幼年达利的双重人格和对幻象的热爱；也不难理解，在这样的环境影响下，达利如何逐步成长为一个想象力超群的人。

2017年7月，当纪录片《利加特港的秘密生活：萨尔瓦多·达利之家》（*The Secret Life of Portlligat: Salvador Dalí's House*）摄制完成时，加拉-萨尔瓦多·达利（Gala-Salvador Dalí）基金的负责人蒙特塞·奥格尔·特克斯多（Montse Aguer Teixidor）说："位于那片自然风景中心的居所兼工作室，是艺术家本人和妻子加拉（Gala）远离尘世喧嚣的避

上图：停泊在卡达克斯的小船，位于地中海海岸附近。

下图：特曼恩塔纳山风塑造出的超现实主义风格的树。

对页图：达利在克雷乌斯角自然公园，摄于1958年。

风港：利加特港、卡达克斯，以及克雷乌斯角自然公园，都是影响和激发达利灵感的自然风光。我甚至敢断言，这片风光赐予他自我。达利也是如此认知的。"[4] 如果不是一连串有趣事件的发生，达利就不会出生在阿尔特-埃姆波尔达地区的首府菲格雷斯，也不会来到位于利加特港的居所兼工作室附近的卡达克斯，度过那个梦幻的暑假。

达利的祖辈曾在埃姆波尔达地区生活。勒尔斯（Llers）是一座以巫师闻名的小镇，根据其教区档案记载，早在17世纪末就有达利家族居住于此。更早期的记载在西班牙内战时期被全部销毁，所以无从探知达利的祖先是否在17世纪末之前就已经在这里扎根。[5] 但我们可以确切知道的是，当艺术家达利逐渐变得具有个性时，他能深深地感觉到自己拥有一种魔力。他曾告诉好友——1969年就成为他绘画模特的卡洛斯·洛萨诺（Carlos Lozano）："我的魔力会永远保护你。"[6] 晚年，他创立了独特的塔罗牌解读法，并且自称魔术师。[7]

　　达利的姓氏可能来源于阿拉伯语，姓氏与他带给人的感觉出奇一致。在达利的祖辈中，男性大多是体力劳动者，仅有几个铁匠，如达利的高祖父佩里·达利·拉古尔（Pere Dalí Raguer）。19世纪伊始，佩里的哥哥希尔维斯特·达利·拉古尔（Silvestre Dalí Raguer）迁去距离勒尔斯约64千米远的渔村卡达克斯。1817年，佩里在第一任妻子去世后，带着第二任妻子玛利亚·克鲁尼斯（Maria Cruanyes）搬去了哥哥希尔维斯特居住的地方。佩里与玛利亚育有三个子女：佩里、卡耶塔诺（Cayetano）和萨尔瓦多。萨尔瓦多出生于1822年，1843年与弗朗西斯卡·维纳斯（Francisca Viñas）结婚。据说，这是一段动荡的婚姻。维纳斯于1846年生下了阿尼西托·拉蒙德·萨尔瓦多（Aniceto Ramund Salvador），又于1849年7月1日生下了加尔·约瑟普·萨尔瓦多（Gal Josep Salvador），即达利的祖父。

　　1869年，20岁的加尔与特蕾莎·库西·马尔科（Teresa Cusí Marcó），一个来自罗塞斯（Roses）且比自己年长5岁的已婚女人，还有她的女儿卡特琳娜·贝尔塔·库西（Catalina Berta Cusí）生活在了一起。60年后的1929年，这一幕在他闻名于世的孙儿达利身上重演，达利遇到并迎娶了他一生中的挚爱——加拉，一个比自己年长10岁的已婚女人。1870年，加尔继承了母亲在卡达克斯的破房子，卡尔德尔考街（Carrer del Call）321号，并开始了往返于卡达克斯与菲格雷斯两地的运输生意，而这两个城市也正是影响艺术家达利一生的地方。19世纪，卡达克斯的经济主要依赖咸鱼业和葡萄酒业，当地出产的鳀鱼很受欢迎，在罗马尤为畅销。1873年，葡萄蚜虫大面积爆发，埃姆波尔达地区的葡萄园遭受了巨大损失。卡达克斯的偏远地区，以及布拉瓦海岸沿线的众多山洞、水湾形成了绝妙的天然藏身之地，特殊的地理环境为走私提供了便利条件。在蚜虫爆发后，这里的走私活动变得更加猖獗。对于卡达克斯，附近的竞争城市拉塞尔瓦（Port de la Selva）流传着这样一句话："卡达克斯盛产烟草小贩、走私者、优秀水手和小偷。"⁸达利晚年曾被卷入一桩严重的赝品丑闻。他把"对于一切镀金物品、奢华装饰、奢侈品和东方服饰的热爱"⁹归功于他的阿拉伯血统和家乡。

　　1871年7月25日，加尔和特蕾莎的第一个孩子出生，是一个女孩，名为安妮西塔·弗朗西斯卡·安娜（Aniceta Francisca Ana），但安娜于1872年不幸去世。1872年10月25日，特蕾莎诞下一子，名为萨尔瓦多·拉斐尔·安尼西托（Salvador Rafael Aniceto），这正是艺术家达利的父亲。这对夫妻的最后一个孩子拉斐尔·纳西索·贾辛托（Rafael Narciso Jacinto）出生于1884年1月23日。1881年，加尔决定同家人搬去巴塞罗那生活。根据家族史记载，这次搬家的主要目的是远离特曼恩塔纳山凛冽的山风，加尔认为这是让自己保持精神健康的最好方法。此外，对于拥有雄心壮志的加尔来说，巴塞罗那潜藏着无限的发展前景。1882年9月，得益于这次搬家，加尔的儿子萨尔瓦多在城市里最好的学校开始了他的中学生活。1883年，加尔的继女卡特琳娜·贝尔塔·库西嫁入了显赫的法律世家塞拉克拉哈斯家族。加尔开始涉足股市，不幸的是在19世纪80年代中期，行情急转直下，经济上的巨大损失加上愈发严重的被迫害妄想症使加尔走到了精神崩溃的边缘。1886年4月10日，他试图跳楼自尽，但被警察及时阻止。6天后，他再次倔强地选择跳楼，在自家中庭结束了自己的生命。即使逃离卡达克斯，加尔还是悲惨地陷入了同样的命运漩涡。他的自杀成为家族不可言说的秘密。¹⁰

　　加尔去世后，特蕾莎的女儿卡特琳娜和她的丈夫收留了这家人，直到加尔的两个儿子完成学业。特蕾莎则一直与女儿生活在一起，直到1912年离开人世。达利的父亲萨尔瓦多在1888年完成了中学毕业会考，进入巴塞罗那大学攻读法律，并于1893年毕业。起初，他一边为塞拉克拉哈斯家族工作，一边为获取土地注册局颁发的工作证书做着准备。

菲格雷斯的圣·佩里（Sant Pere）教堂。

然而，萨瓦尔多和弟弟都潜移默化地受到了父亲加尔及加泰罗尼亚传统思维的影响，渴望安稳的生活，因此萨瓦尔多开始学习如何成为一名公证人（译者注：公证人为处理证明文件的法务官员）。1898年，他多次申请公证人职位，可惜都没有成功。他在中学和大学时代的好朋友约瑟夫·佩皮托·皮乔特（Josep Pepito Pitxot）鼓励他在菲格雷斯继续寻找公证人的工作，因为菲格雷斯是一个繁荣的加泰罗尼亚城市，也是埃姆波尔达地区的主要城镇。佩皮托与自己的姨妈安吉拉结了婚，并在1900年搬去菲格雷斯。在岁月的长河里，皮乔特家族的不同成员们在艺术家萨尔瓦多·达利的人生里都扮演了重要的角色，甚至在达利去世后，他亲密的朋友、艺术家安东尼·皮乔特（Antoni Pitxot，1934～2015年）成了达利戏剧博物馆（Dalí Theatre Museum）的第一位负责人，他曾协助达利完成博物馆的整体设计。

达利的父母对自己的出生地，一幢位于卡达克斯教堂边上的白色房子，有着分外美好的回忆。可能是出于这个原因，萨尔瓦多选择听从好友佩皮托的话，在离卡达克斯最近的城市菲格雷斯追求自己的梦想和事业。1900年6月7日，达利的父亲在菲格雷斯开始了公证人的职业生涯。这一连串有趣的事情驱使达利的父亲最终回到了祖先的家乡，也正是这份新工作让他与未婚妻费莉帕·多梅内奇·费雷斯（Felipa Domènech i Ferrés）于1900年12月29日在巴塞罗那完成了婚姻大事。[11]

费莉帕是一个美丽的巴塞罗那姑娘，比丈夫年轻2岁，在她的血液和基因里流淌着无穷无尽的创造力。费莉帕的祖父乔伊姆·费雷斯（Jaume Ferrés）是一名出色的手艺人，也是第一个在加泰罗尼亚地区用玳瑁壳制作艺术品的人；母亲玛利亚·安娜·费雷斯·萨杜尔尼（Maria Anna Ferrés Sadurni）极具艺术天赋；父亲经营缝纫用品生意，但在费莉帕13岁时就不幸离世了。玛利亚·安娜继承了丈夫的事业，而费莉帕则成了母亲的得力帮手。费莉帕超群的天赋和技艺在创作及制造艺术品的过程中展现得淋漓尽致，她尤其热衷于用各种彩色蜡烛制作雕塑，这为尚处童年时期就才华横溢的达利开启了艺术之门。费莉帕的弟弟安塞尔姆（Anselm）出生于1877年，拥有着艺术家般的灵魂，他在早期对萨尔瓦多·达利产生了较大影响。

费莉帕婚后很快怀孕并生下了第一个萨尔瓦多·达利，即艺术家达利的哥哥。他出生于1901年10月12日，但在1903年8月1日，也就是不到22个月时不幸夭折。据官方记载，他死于感染性肠胃炎。民间有其他不同的说法，例如他是由于父亲的性病而发育异常，或极有可能是患脑膜炎而死的，但这两种说法都无从求证。[12] 老达利，也就是孩子的父亲，看到妻子因丧子而抑郁沮丧，决定带她去一个清净的地方散心。失去儿子的夫妻二人来到了雷克森斯湖（Requesens）附近，从卡尼古峰（Canigou）俯瞰，这个地方坐落在比利牛斯山脉的山麓小丘中。该地是加泰罗尼亚地区的神圣之地，被视作连接其他维度的门户。[13] 加泰罗尼亚地区的朝圣者每年都会前去祷告，祈求特曼恩塔纳山的山风不再带来灾难。经历重大打击的夫妻俩或许觉得，只有在这里才能得到慰藉。幸运的是，费莉帕在第一个儿子去世9个月10天后，便生下了"真正的达利"。不难想象，他们肯定在那片神圣之地祈祷上天能再赐予他们一个孩子，一个健康、强壮的孩子。

1904年5月11日晚上8点45分，萨尔瓦多·费利佩·哈辛托·达利·多梅内克（Salvador Felipe Jacinto Dalí y Domènech）在菲格雷斯一栋优雅的现代主义建筑中呱呱落地，建筑二楼是达利父母的生活空间，一楼则是父亲的办公室。[14] 后来，这个婴儿以萨尔瓦多·达利的名字为世人所熟知。达利认为，这个名字完美地定义了他在艺术界的角色："萨尔瓦多"在西班牙语中有"拯救者"之意，所以自己注定是西班牙艺术的拯救者。

我们永远都无法探究，如果达利的哥哥没有被病魔无情地夺去年幼的生命，那么萨尔瓦多·达利是否还会来到这个世界。无论如何，就是在这样的境况下，这个伟大、富有创造力的人出生了。在达利5岁时，父母把他带到哥哥的墓前，告诉达利他是哥哥的转世化身。这件事显然

达利的母亲费莉帕·
多梅内奇·费雷斯，
摄于1910年。

给达利带来了极其复杂的影响，很有可能是导致他的艺术作品和性格充满双重性的根源之一。一方面，达利极致地将此转化成自己的优势；另一方面，他又深深地为自己是"第一个萨尔瓦多的替身"这个想法所困扰。在这么小的年纪便被告知自己是哥哥的转世化身，无疑给予达利无穷无尽的想象空间。达利的妹妹安娜·玛利亚（Anna Maria）在1949年出版的回忆录里则从另一个角度出发，描述了她记忆中平和、美丽的童年生活。

　　达利在自传《我的秘密生活》（ *The Secret Life of Salvador Dalí* ）中，用他不可信的记忆织就了一张网，将无尽的想象错综复杂地交织在一起，让读者去猜想什么是对、什么是错，以及哪些部分是他肆无忌惮的想象与虚构。伊安·吉布森（Ian Gibson），《萨尔瓦多·达利的可耻生活》（ *The Shameful Life of Salvador Dalí* ）的作者，向读者展现了一个野心勃勃的达利。伊安·吉布森曾明确地提醒过读者，不能把《我的秘密生活》一书中的内容作为可信的资讯来源。不管怎样，达利的自传中确实描述了他如何感知和想象他生命的不同维度，也涵盖了在他生命中扮演了重要角色的人和地方。《达利》一书的作者梅瑞狄斯·埃瑟林顿-史密斯（Meredith Etherington-Smith）总结道："尽管他混淆迷糊、忘却自我，但有时现实还是能冲破虚构故事的厚厚云层……特别是他描述的在卡达克斯度过的幼年时期，这是他自我认知的中心，也是他个性塑造的过程，即便他本人也无法通过扭曲事实来掩盖这个真相。"[15]

　　在《我的秘密生活》一书中，达利声称自己记忆所及的时期涵盖了他在母亲子宫里的日子，也就是他还是胎儿的时候，他说道："那是神圣的、天堂一般的环境……从那时起，对我来说，快乐和陶醉的一切事物都尽收眼底。最让我印象深刻的视觉记忆是两个在平底锅里的煎蛋，但是那个画面中却没有出现平底锅，这很有可能是因为胎儿的纯净才使得这番神奇的画面出现在我的眼前。那时我感受到的情感转化成了永恒的幻觉形象，伴随了我一生。"[16] 无论他是否真的相信自己拥有那段记忆，还是说那只是他有趣的幻想，"蛋"都成了他作品中的一个标志性符号。这个达利式的标志，又一次体现了其性格的双重性：外表坚硬、内心柔软，同时饱含着情感和希望。他是如此沉迷于那段在子宫内的记忆，以至于后来当他构想要改造居所兼工作室时，在房顶别出心裁地装饰了巨大的白色蛋作为围栏。[17]

　　达利的成长环境无疑是优越和令人羡慕的。因为失去了第一个萨尔瓦多·达利，他的母亲对第二个儿子倍加宠溺。"除了不被允许接近厨房，我可以做任何让我开心的事情。我一直到8岁还尿床，这样做纯粹是

左图：达利的父亲萨尔瓦多·达利·库西（Salvador Dalí Cusí），摄于1910年。

上图：艺术家萨尔瓦多·达利，摄于1911年左右。

因为有趣。毫无疑问，我是家里的小皇帝，我的父母对我有求必应，他们深爱着我，在他们眼中我是完美的。"[18] 虽然父亲一直以不同的方式支持和鼓励着达利的艺术天赋，但随着达利的成长，他和父亲的关系变得越来越复杂。母亲和佣人一直宠着达利，纵容他通过发脾气得到自己想要的东西。"我的情绪总是像肥皂泡一样轻盈，一样容易破碎。我从未料到自己的行为方式会变得如此歇斯底里和离奇古怪，甚至造成令我自己都瞠目结舌的结果。"[19] 他的母亲费莉帕扮演了一个极其娇宠儿子的角色，每天早晨她都会对达利说："亲爱的，你想要什么？心肝宝贝，你还有什么愿望？"

家里另外一个重要的人是达利的保姆露西娅（Llúcia）。她深受加泰罗尼亚传统文化的影响，是一个善良且有耐心的人。她时常会给达利和他的妹妹——出生于1908年1月6日的安娜·玛利亚唱加泰罗尼亚摇篮曲。加泰罗尼亚人的禀性是天然的、富有创造力的、精力充沛的，以及渴望创造财富的。反讽也是加泰罗尼亚人不可或缺的特征。早在13世纪，许多加泰罗尼亚人就已经成为贸易者、商人。

　　达利出生的市镇熙攘繁忙。1878年，第一辆火车从菲格雷斯驶进驶出，对当地经济起到了极其重要的影响：经济不断发展，人口不断增加。截至1900年，镇上的居民人数达到了10714人。菲格雷斯坐落于阿尔特-埃姆波尔达平原的边缘，拥有得天独厚的地理优势，既连接着巴塞罗那与法国露喜龙（Roussillon）地区，也是埃姆波尔达海岸和比利牛斯山脉之间的往来通道。菲格雷斯的地理位置决定了它深受欧洲文化的影响，作为阿尔特-埃姆波尔达地区的重要城镇，它在历史上一直是经济和商业活动的枢纽。埃姆波尔达平原对达利来说"是最真实和客观存在于世界上的一片自然景观"。[20] 在达利出生时，现代主义建筑遍布整个加泰罗尼亚，菲格雷斯也有了此类建筑的印记，城镇上出现了几栋现代主义建筑，其中一栋被达利的父母租住，那里也是达利出生的地方：卡尔蒙托里奥街（Carrer Monturiol）6号普格楼（如今是20号）。普格楼建于1898年，由多产的建筑师约瑟夫·阿泽马·庞特（Josep Azemar i Pont）设计。

　　达利父母的公寓位于普格楼的二楼，公寓通过内部楼梯与达利父亲位于一楼的办公室相连。普格楼距离城镇中充满时尚气息的兰布拉大街（Rambla）只有50米。公寓有一个同建筑一样宽的大阳台，正好能俯视当地贵族德·拉·托瑞侯爵（Marquesa de la Torre）家的美丽花园。费莉帕在阳台上喂养金丝雀和鸽子，还用达利最喜欢的蒲公英和百合花装饰阳台。达利的外婆和未婚的姨妈在1910年搬到了普格楼顶层，但大多数时间她们都是在达利父母位于二楼的公寓中度过的。

　　达利和妹妹安娜·玛利亚关系非常亲近。"我对妹妹的感觉超

左图：萨尔瓦多·达利，摄于1906年左右。

右图：普格楼，艺术家达利出生的地方。

乎寻常的温暖，这是一种在我们嬉闹成长的过程中培养出来的独特情感。"[21]因此，妹妹经常会出现在达利早期的绘画作品中，她是达利的第一个模特和缪斯。他们的父亲老达利很好地适应了在菲格雷斯的工作和生活，在他于巴塞罗那读大学期间，他和哥哥都曾是加泰罗尼亚联邦主义的狂热支持者。后来，老达利找到了一个让他能够暂时脱离办公室和家庭去释放激情的地方：菲格雷斯体育俱乐部。没过多久，这个有些发福且随和的男人就成了俱乐部里显眼的成员，他每天晚上都享受着参与政治辩论的乐趣。

上图：达利一家在卡达克斯合照（从左至右）：女佣、母亲、父亲、萨尔瓦多、卡特琳娜·贝尔塔、安娜·玛利亚和外婆安娜。

第24～25页跨页图：卡达克斯的景色。

　　达利一家与楼下的邻居关系融洽，这些邻居对年轻的达利有着极大的吸引力。马塔斯（Matas）家的父母都来自巴塞罗那，他们带着三个孩子从阿根廷最大的城市布宜诺斯艾利斯（Buenos Aires）搬来这里。达利喜爱他们优雅的生活方式，并且在他的自传中介绍了这个家庭："马塔斯家来自阿根廷，他家的女儿乌苏里塔（Ursulita）是一个远近闻名的美人。"[22] 在他们家，"我就像在自己的家里一样被娇宠着。每天傍晚6点，一群有着天使般头发和阿根廷口音的人会围坐在客厅里的大桌子旁吃饭。晚餐盛在银质容器里，一个人吃完后将容器传给下一个人。这样的吃饭方式使我非常不安，甚至在我心中产生了道德上的障碍"。[23]

　　圣诞节是达利童年最激动的节日。达利一家与在巴塞罗那的塞拉克拉哈斯家族保持着联系，一直到1912年，他们每年都会一起庆祝圣诞节。年幼的萨尔瓦多总是渴望得到许多礼物，然而这有时会让他的情绪过于激动，以至于最后发脾气。在西班牙，圣诞节是在12月24日庆祝的，但对于孩子们而言，更重要的是收到礼物的日子，也就是国王节前夜的1月6日。达利在自传里回忆道："有一年国王节，在我收到的无数礼物中有一套炫目的国王服饰—— 一顶镶有顶级黄玉的金王冠和一件貂皮斗篷。从那一天起，我几乎每天都穿着这身衣服。"[24] 达利一生都热衷于打扮自己。在就读第一所学校时，他的穿着打扮不可避免地总能让同学大吃一惊、为之侧目。

《幻觉马车》（*The Phantom Cart*）局部图，1933年，木板油画，24.1厘米×19厘米，达利戏剧博物馆，圣彼得堡，佛罗里达。

第二章：无与伦比的美和视觉幻象

我沉浸在对于光和颜色的渴望里。

整个闷热的夏天，我都近乎疯狂地在画画，想完美地诠释这无与伦比的大海和阳光照射的沙滩。

——萨尔瓦多·达利（13岁）[1]

在菲格雷斯市立小学，达利的形象与同学们形成了鲜明的对比。达利在自传里曾经画过一幅有趣的画："只有我穿着袖子上有金色刺绣徽章的水手服，头上戴着装饰了星星的帽子。也只有我的头发像被梳了上千遍一样，还时不时地散发着香水的味道。这一切肯定会使其他孩子感到困惑，他们看起来似乎都想排着队，轮流来闻闻我与众不同的头发。"[2]

达利的老师埃斯特维·特雷特（Esteve Trayter）有时候会在放学后带达利去他家，老师的居所给达利留下了难以忘怀的印象。"在我记忆里有众多的地方，那里是最神秘的。"[3] 老师的收藏品简直是神秘的宝藏，它们占满一整个巨大的书柜，上面落满灰尘，中间夹杂着"看似异类且不协调的物品"。[4] 琳琅满目的收藏品中有一颗"巨大到让人根本无法佩戴的橄榄木念珠"[5]，以及一只用于预报天气情况的风干青蛙，特雷特老师有时叫它"我的学生"，有时则叫它"我的舞者"。此外，还有一些关于俄罗斯的图像，以及"一个装满我所有幻想之物的方盒子"。这个方盒子是一个"光学剧场"[6]，在剧场里，图像会发生变形，"以一种无法解释的方式，从一个图像变化成另一个图像。能与之相提并论的只有所谓的'催眠'图像，即我们在'半清醒'状态下看到的图像。正是在老特雷特非凡无比的剧场里，我看到了那些在一生里不停激发我灵感的图像，其中最令我印象深刻的是一个俄罗斯小女孩。"[7] 在《我的秘密生活》一书中，艺术家坚持称那个小女孩的形象就是加拉——他未来

加拉·艾吕雅·达利（Gala Éluard Dalí），出生名：伊琳娜·伊万诺夫娜·迪亚科诺娃（Elena Ivanovna Diakonova），摄于1910年左右。

的妻子和缪斯。"她是加拉吗？我确定是的。"[8] 当然，我们需要记住，这本自传写于1941年，那时他已经跟加拉在一起生活了12年。

年幼的达利在许多地方都能发现视错觉幻象和符号。他在5岁时，曾看到一只被蚂蚁吃得只剩空壳的昆虫。不久的未来，蚂蚁成了达利绘画和影视作品中的重要符号，象征着死亡、腐朽、无常、令人恐惧的腐败以及艺术家的性欲。也恰好是在这个阶段，达利的同学们拿起蚱蜢扔向他，这使他开始对蚱蜢产生恐惧。因此，蚱蜢在达利的作品中也象征着恐惧、浪费和毁灭。

达利一家的朋友皮乔特家族再一次扮演了重要的角色，他们把年轻的萨尔瓦多·达利与艺术家人生中重要的地方联系起来，这个地方就

从两个不同角度拍摄的达利位于利加特港的房子。

是风景如画的渔村卡达克斯，即达利父亲的出生地。达利后来是如此描述卡达克斯的："在那个完美且奇妙的地方，所有时光都是精美绝伦的。在拉丁海边，我沉浸在对于光和颜色的渴望里。整个闷热的夏天，我都近乎疯狂地在画画，想完美地诠释这无与伦比的大海和阳光照射下的沙滩。"[9] 老达利挚友佩皮托·皮乔特的母亲安东尼雅·吉霍纳（Antonia Gironés）有着执着的创业精神。20世纪伊始，她便在卡达克斯租赁了度假屋，之后她又认为家族应该在当地拥有自己的房产，于是买下了一个被登记为荒地的岬角，名为埃斯索特尔（Es Sortell）。根据画家朋友米奎尔·乌特里洛（Miquel Utrillo）的设计，她在那里建造了L形的房子。佩皮托对园艺产生了浓厚的兴趣，他在这片不太繁茂的土地上创造了一个美丽的异域花园。随着时间的推移，房子逐渐被扩建。

皮乔特家族的兄弟姐妹们都非常有创意，他们把许多有趣的波希米亚风格带到了卡达克斯。没过多久，达利和家人成了埃斯索特尔那处房子的常客。就这样，老达利和自己度过生命最初9年时光的地方重新联系了起来，于是他觉得有必要在卡达克斯购置或租赁房产。在挚友佩皮托的帮助下，老达利如愿在埃斯兰（Es Llané）海边租下了佩皮托妹妹玛

11月，一个大风天里的卡达克斯。

丽亚由马厩改建成的房子。如今，卡达克斯被公认为布拉瓦海岸最美丽的渔村。年轻的达利与卡达克斯及其周边密切关联着，并在那里完成了一次蜕变。他贪婪地从环境里吸收并消化养分，如同毛毛虫一样，吃饱了就倒挂在树枝上为自己结一个茧，最后化蛹成蝶。在卡达克斯，达利找到了他需要的一切艺术灵感。他后来称自己是"这片原始景色的人类化身"，他代表这片景色"活着的核心"。他一想到自己与卡达克斯以及克雷乌斯角自然公园建立起来的这种联系，就开始对夏季的学校生活感到厌烦，总是想迫不及待地回到这个特别又鼓舞人心的地方。在卡达克斯，达利深刻地感受到环境是由精神本身构成的。在达利眼中，他在环境和自身本质之间找到了一种流动的联系，这种联系是如此强烈，以至于他有时候深信自己就是环境的一部分。这片风景和加泰罗尼亚的根源是达利通往重要艺术层面的一把钥匙。[10]

其实不难理解为什么达利会爱上卡达克斯和克雷乌斯角自然公园。从前，到达卡达克斯只能通过水路，即使到了现在，人们也必须驱车沿着具有挑战性的海岸公路，历经沿途壮观的景色，才能抵达位于加泰罗尼亚东北角的这颗"宝石"。

这个地区笼罩在不可思议的光线下，呈现出变幻莫测的景色。岩石遍布的海岸线与钻蓝色的海水形成鲜明对比，让闪闪发光的卡达克斯看起来格外引人注目。在渔村里，起伏狭窄的街道铺着当地标志性的石板，耀眼的阳光在美丽的海滩上舞动，神奇的小海湾点缀着海岸线。比利牛斯山脉与地中海山水一线，美不胜收。夏天，阳光照耀在蔚蓝的海面上，泛白的建筑物环抱着海湾，海湾里的船只日益增多。渔村的房子围绕着一座巴洛克教堂而建，房子周围种满了三角梅，散发出沁人心脾

多岩石的风景，克雷乌斯角自然公园。

克雷乌斯角自然公园的橄榄树景观。

的香味。顺着蜿蜒的小道穿过渔村——这个达利从青年到晚年一直在探索的地方，不难发现，达利在后来的艺术创作中以不可思议的精确性还原了渔村的点点滴滴。在一个没有受过专业训练的、非达利式的人看来，这些细节或许无足轻重，但对达利本人来说绝非如此。在达利的艺术生涯中，他经常会将当地的细节转化为作品中的基本元素和符号。冬天，蔚蓝、宁静的风景和完美的海滨被定格在了一块块画布上。一排排山毛榉树和墙壁起到了防风的作用，抵御着来自特曼恩塔纳山可以连续呼啸十天之久的山风。

冬去春来，鲜花盛开，在渔村的边缘，花园里五颜六色的花朵与阳光透过橄榄树投射下来的银绿色的马赛克形成了对比，相映生辉。达利很喜爱橄榄树，他在《成为画家的五十个神奇奥秘》（*50 Secrets of Magic*

《钢琴中流淌出的坏死喷泉》(*Necrophiliac Fountain Flowing from a Grand Piano*)，1933年，布面油画，22厘米×27厘米，私人收藏。

Craftsmanship）一书中的第七个秘密就推荐了橄榄树："年轻的画家，你必须知道，艺术的第七个秘密产生于视网膜的赞同感或厌恶感，这种感觉取决于你每天滋养视网膜的方式。为此，你必须养成一种习惯，尽可能地用积极的环境去滋养它……在番樱桃的映衬之下，橄榄树的叶子时而连绵不断，时而断断续续地闪烁、颤动着，那闪着银光的光斑在轻轻摇晃的回忆里滋润着你的视网膜，无论你的眼睛是睁开还是紧闭，你看到的一切对你来说都显得更加闪亮、细微、丰富、优雅、愉悦。"[11] 卡达克斯不只给了达利深刻且极具启发性的影响，也给巴勃罗·毕加索（Pablo Picasso）、雷内·马格利特（René Magritte）、亨利·马蒂斯（Henri Matisse）、阿尔伯特·爱因斯坦（Albert Einstein）、费德里

科·加西亚·洛尔迦（Federíco Garcia Lorca）、托马斯·曼（Thomas Mann）、曼·雷（Man Ray），还有其他不计其数的艺术家带来了灵感和影响。

毫无疑问，卡达克斯的壮丽景色深深地影响了达利，然而，皮乔特家族对他的影响也不容忽略——他们为达利打开了创意艺术世界的大门，让他看到了更多不同门类的艺术。皮乔特家族在埃尔索特尔时，经常会把钢琴搬到海岸的岩石上，举办夏夜音乐会。这架钢琴后来也成了达利的绘画主题。拉蒙·皮乔特（Ramón Pitxot）是达利人生的第一位导师。这位加泰罗尼亚艺术家擅长印象派绘画，他于1910年在卡达克斯遇见了年幼的达利。这个6岁的孩子对皮乔特的绘画产生了深刻的印象，并深受其启发。皮乔特是巴勃罗·毕加索的好友，他比毕加索年长9岁。1899年，毕加索在巴塞罗那著名的四只猫咖啡馆（Els Quatre Gats）举办了首次个展，皮乔特随后也在那里举办了画展，并于1910年把毕加索带到了卡达克斯。

同年，年幼的达利创作了著名的《菲格雷斯附近的风景》（*Landscape Near Figueras*，"Figueras"是"Figueres"加泰罗尼亚语的写法），这幅画是用油画颜料画在一张14厘米×9厘米的明信片上的。达利的绘画天分在这幅画中一览无遗，他对于比例和颜色的感觉、用笔触表达动感和深度的技巧都远超他那个年纪应有的水平。作品中天空的颜色被描绘得很淡，隐约还能看见明信片上原有的图案。这幅画整体上属于印象派，却透露出达利对超现实主义超前的兴趣或本能，然而实际上，直到10年后超现实主义运动才真正拉开帷幕。当达利不断地发掘和发展自己的才能时，这片风景渐渐在他的细胞和敏锐的感觉中根深蒂固。

1910年，达利的父亲做了一个重要的决定，这对达利的人生造成了巨大的影响。他将达利送到了一所基督教兄弟学院，学期从1910年秋季开始。基督教兄弟学院用法语讲授课程，培养了达利的亲法思想。在学院度过的6年中，达利学会了讲一口流利的法语，虽然带着浓厚的加泰罗尼亚口音。学院的课程计划中包含艺术课程，尽管达利从未提及老师的

《菲格雷斯附近的风景》，1910年，画在明信片上的油画，14厘米×9厘米，达利博物馆，圣彼得堡，佛罗里达。

名字，但他在1927年的一篇文章中提到过一条老师给出的建议："要想画好并获得整体效果，不可或缺的准则是不要越界。"达利认同这条建议并认为它很有逻辑。在自传中，他回忆起自己在教室里看到的风景："我透过菲格雷斯基督教兄弟学院一号教室的窗户能看到两棵柏树。在此之前，我是跟着老特雷特学习绘画的，据说从他那里得到的都是有害的学习经验。作为我视野框架的窗户只在每天下午才被打开，此时学校直线式建筑微微弯曲的阴影慢慢升起，我完全沉浸于两棵柏树的光线变化之中。在日落前的某个特定时刻，右边那棵柏树的树尖似乎被一种深红色照亮，仿佛被浸泡在红酒里；而左边那棵却已经完全被笼罩在阴影里，呈现出一种深黑色。"[12] 教室外的走廊里，从原法国贝塞尔学校带过来的约60幅宗教绘画、化石和矿物等奇妙收藏一一铺陈在达利面前。达利在自传中称，教室天花板上那块棕色潮湿的污渍也常常是他幻想练习的灵感来源。

无论基督教兄弟学院多么努力，他们对达利的教育都收效甚微。达利在自传中写道："我不想让任何人触碰我，和我说话，或者'打扰'我脑子里正在思考的事情。我活在从老特雷特家便开始的强烈幻想中，当我感觉到这些幻想岌岌可危时，我会更加执着地抓紧它们，我的指甲深深陷入其中，就像抓住救命稻草一样，绝不松手。"[13] 一份学校的报告在达利家中引起了轩然大波，父亲的大声朗读让大家惊恐万分，尽管报告隐约暗示了达利的温柔和遵守纪律，但得出的最终结论是："我被一种根深蒂固的精神懒惰支配，这使我不可能在学习上取得任何进展。"[14] 达利的母亲在听完学校报告之后内心十分不安，眼泪夺眶而出。

或许是因为基督教兄弟学院周围的荒地凹凸不平，它又被称为"孔洞"（El Fossos）。在达利进入该校的第二年，也就是1912年7月，达利一家迁入了一个更豪华、更宽敞的公寓——卡尔蒙托里奥街6号（如今是20号）。[15] 新家的装修仍由第一个家的建筑师设计完成，虽然没有和之前一样美丽的阳台，但有一个很小的空间，成为这个刚刚崭露头角的小艺术家的第一个工作室。在公寓大楼公共屋顶的露台上有两间废弃的洗衣房，年幼的达利占据了其中一间，虽然空间只够容纳一个水泥槽，年仅8岁的达利还是把房间精心布置了一番：在水泥槽里放了一把椅子，并用一块洗衣板作为桌子。在自传中，他描述了如何在天气炎热时别出心裁地使用这个小巧玲珑的工作室："……在非常炎热的日子里，我会脱掉衣服，然后打开水龙头，在水槽里放满水，一直让水漫到我腰部以上那么深。"当达利不用全身心地投入艺术创作时，他喜欢穿着国王服饰在屋顶露台上阔步行走，为他想象中的主题做演讲。大约在这个时期，他开始经常光顾镇上的新电影院，这也激发了他对电影的终身热爱。当电影院和迷你工作室成为他令人兴奋的新阶段时，他生活中的另一美好篇章却正在逐渐接近尾声。

"我的神秘天堂始于埃姆波尔达平原。"

《幽灵和幻影》（*The Spectre and the Phantom*，局部），1934年，布面油画，100厘米×73厘米，私人收藏。

第三章：一个志向远大的世界

当我画画的时候，大海咆哮着。而其他的孩子们，在浴缸里玩水嬉戏。

—— 萨尔瓦多·达利

　　当达利的迷你工作室正成为其重要空间时，另一个他的最爱却要从生活中消失。达利的祖母特蕾莎·库西于1912年10月5日在巴塞罗那去世。她的离开给这个家庭带来了巨大的悲伤，同时也预示着每年圣诞节的家庭聚会就此告一段落。达利的舅舅安瑟尔姆·多梅内奇（Anselm Domènech）仍住在巴塞罗那，并且在当地最著名的莱里布雷亚·威尔德古尔（Llibrería Verdaguer）书店里工作，他于1915年成为这家书店的合伙人。安瑟尔姆不断给外甥提供艺术类书籍，给了达利极其重要的影响。他还时常与达利保持书信来往，鼓励并帮助外甥发展他的事业。[1]

　　在此期间，达利的父亲收藏了高恩艺术（Gowan's Art）系列图书并将之作为礼物赠送给达利，这对达利的艺术发展起到了核心作用。这套高度视觉化的系列图书于1905年首次发行，至今仍是收藏家难以觅得的珍品。在《我的秘密生活》一书中，达利对父亲表达了深深的感激之情，并将这件礼物描述为"对我产生重大影响的礼物，这是我一生中具有决定性的礼物之一"。[2] 这一系列藏书的每一卷都以一位在1800年之前出生的艺术大师为主角，着重介绍其独特的艺术风格和性格特点，并配有60张黑白图片。藏书的最后一卷于1913年出版，整套藏书共介绍了52位艺术家。正如达利自传所述，这套藏书对他的影响是巨大的："我从童年起，就对那些艺术史的照片了如指掌，因为我常常会花上一整天去琢磨它们。"[3]

菲格雷斯附近的圣玛丽亚·德·维拉伯特兰修道院（The Monastery of Santa Maria de Vilabertran）。

同年，达利在他的迷你工作室里创作了一系列小型风景画，其中最著名的是《维拉伯特兰》（*Vilabertran*，1913年）。维拉伯特兰是一个距离菲格雷斯仅几千米的村庄，散步去那里曾经是达利一家喜欢的活动之一。这幅受到印象派影响的作品引导看画人沿着小径穿过一片金色的花田，通往远处的房子。画面中，浅色的房子和花田，与深色的树木阴影相映成趣。作品捕捉了日落时分的景色，这一直是年轻艺术家达利钟爱的场景。

1913年5月，达利的第一位导师拉蒙·皮乔特在菲格雷斯的爱迪生电影院展出了大约40幅水彩画作品。拉蒙平时主要居住在巴黎，但夏天经常会前往卡达克斯。另一个对达利表现出极大兴趣的是老达利的朋友、拉蒙的好兄弟——佩皮托·皮乔特。在达利的生命里，佩皮托扮演了第二个父亲的角色，他经常会带达利出去游玩。在自传中，达利将佩皮托与他富有创造力的兄弟姐妹进行了比较，指出"佩皮托虽然没有接受过特别的艺术培训，却可能是其中最有艺术创造力的一位。佩皮托在卡达克斯创造了这座房子，对园艺和生活有独特的见解与感受。"[4] 两个人几乎形影不离，这种亲密关系的发展在某种程度上既源于两个家庭之间的密切往来，也离不开他们俩共有的创造力。与此同时，达利对他父亲的一些行为越来越不喜欢，这些行为被达利定义为不懂得交际艺术。其中一个例子是他曾经目睹父亲在外面的街道上只穿着睡衣和内裤与别人打架，在争吵中两人摔倒在地，达利看到他父亲的阴茎露了出来，他形容道："像香肠一样。"[5]

达利在基督教兄弟学院的日子很快就要告一段落。可惜的是，学校的课程计划里并没有包括申请大学必备的中学会考的相关科目。这就意味着年轻的达利虽然对学习并无兴趣，可还是要为入学考试做准备，这样他才有可能被菲格雷斯学院录取。虽然这次备考的经历几乎让达利精神崩溃，但他还是在1916年6月通过了考试。这场折磨使他精疲力竭，因此他的父母决定把他送到位于埃尔·莫勒·德拉托雷（El Molí de la Torre，意为高塔磨坊）的皮乔特家，此地在曼诺尔（Manol）河畔，距离菲格雷斯不远。1912年，佩皮托富有的妹妹玛利亚，一位歌剧演员，购置了这座富丽堂皇、拥有广袤田地的乡村别墅。这对佩皮托来说简直就是实现园艺兴趣爱好的完美之地。这座宅院建于19世纪中叶，如今已被列入加泰罗尼亚建筑遗产，是埃姆波尔达地区重要的建筑和农场之一。最初它只是一个磨坊，主要功能是实现阿尔古伊姆（Alguemà）河的水利灌溉。建筑均为砖砌结构，许多不同高度、不同形状的建筑主体在屋顶交汇。屋顶上有一个带栏杆的露台和一个多边形塔，这些都让年轻的达利着迷。

《我的秘密生活》一书花了许多笔墨描述达利在埃尔·莫勒·德拉托雷的精彩经历，从性爱到艺术。这个敏感的12岁少年认为，这里是一个神奇的地方，他很快决定要制订一个严格的工作计划，以便能最大限度地利用在这里的时光。他把清晨主要花在了茱莉亚（Julia）身上，这

左图：佩皮托家族，卡达克斯，摄于1908年左右。

右图：胡安·鲁涅兹·费尔南德斯，达利的绘画老师，摄于1913年。

位16岁的花季女孩是佩皮托夫妇的养女。为了把对她的性幻想最大化，达利强迫自己必须在她进入房间、打开百叶窗、让晨光倾泻进来前的15分钟醒来，他在自传中描述了这个仪式："在茱莉亚进门前的15分钟，我准时醒来。我利用这段时间来品味自己对情欲的想象，每天根据自己'展示裸体'的欲望摆出不同的姿势。当她打开百叶窗之后，会'到我的床边，用床单盖住我裸露的身体'……再之后，她会亲吻我的额头来唤醒我。"[6]

天色渐晚时，达利又品味了另外一种体验："黄昏每天都会笼罩塔顶上的露台，这绝对是一天中最令我期待和最庄严的时刻。"[7]达利在埃尔·莫勒·德拉托雷的逗留不仅给他注入了新的能量和灵感，而且也被他视作是微小但重要的转折点。在那里，他之前与家人一起或者独自在学校默默训练的各种才能都付诸实践。他在学校的同学面前曾经极度羞怯，甚至感到羞耻，所以他一直在培养达利式的为人处事的方法，这些方法通常是聪明且充满戏剧性的。这一次，作为皮乔特家的客人，达利有机会在一个更真实的社交环境中对自己的社交哲学进行实验。他也把油画颜料带去了那里，以独一无二的热情和信心专注于成为一名印象派画家。事实上，逗留的这一个月不仅影响了达利的绘画事业，也激发了他构思撰写一部小说《夏日午后》（*Summer Afternoons*）的欲望，小说主人公的原型正是达利自己。

暑假结束时，在达利的新学校里，有一个惊喜等待着他：一个才华横溢且具有使命感的绘画老师——胡安·鲁涅兹·费尔南德斯（Juan Nuñez Fernandez，1877～1963年）出现在了他的生命里。自1906年开始，鲁涅兹一直任教于菲格雷斯学院。这位脚踏实地、魅力四射的老师毕业于马德里圣费尔南多皇家美术学院。1915年，鲁涅兹因把凡·戴克（Van Dyck）的《犹大之吻》（*The Kiss of Judas*）做成精彩绝伦的版画而获奖，他最喜欢的前辈大师是伦勃朗（Rembrandt）、里贝拉（Ribera）和委拉斯开兹（Velázquez），委拉斯开兹也是达利一生都钦佩的画家。当时，鲁涅兹还是市立绘画学校的校长，达利在那里上夜校，同时也在马里斯特（Marist）兄弟学院补习学校课程。鲁涅兹有着精准的判断力，他很快便发现达利是一个异常有天赋的学生，并邀请达利到自己家里，更深入地给他讲解艺术及其奥秘。这些经历给达利带来了诸多灵感，他在自传中写道："每一次从老鲁涅兹家中出来，我总能得到最大程度的鼓舞。我的面颊因最伟大的艺术抱负而红润，我的心里充满着对艺术日益增长、极尽虔诚的尊重，我的脑子里装满了伦勃朗，回到家我就会把自己关在卫生间里独自享受它。"8

在市立绘画学校学习画画以及在兄弟学院补习课程期间，达利有机会与拉蒙·雷格·科罗米纳斯（Ramón Reig Corominas，1903～1963年）成为好朋友。日后，拉蒙·雷格·科罗米纳斯也成了加泰罗尼亚地区重要的水彩画家之一。他们喜欢在大自然中一起作画，都对埃姆波尔达的风景有着强烈的依恋，同时也互相敬重对方。后来，他们的作品经常会出现在同一个展览中。[9]

达利在菲格雷斯学院的第一年就获得了优异的成绩：他不仅通过了所有的考试，而且还在市立绘画学校获得了优秀荣誉证书。他的父亲为儿子的这一成就感到无比骄傲。据达利的妹妹描述，老达利在自己的公寓里为儿子的近期作品举办了一个展览。在以后的人生中，达利一直坚称，鲁涅兹是"我最尊敬的恩师，也是给我授业解惑最多的老师"。[10]除了达利和他的密友拉蒙·雷格·科罗米纳斯，鲁涅兹还启发了很多其他学生，在某种程度上甚至可以说，他在菲格雷斯创建了一所出产画家的学校。

1917年5月11日，达利已经是一位少年了。根据他后来的记录，那时前方迎接他的是一个灿烂的夏天，而在这个人生阶段，他比以往任何时候都更渴望做真正的自己。"我青春期的特点是：所有的狂躁、缺陷、天赋、幼年时期的天才之处和性格特征都被有意识地强化了。可是，我不想以任何方式改变自己。"[11]他像女孩一样蓄长自己的头发，不耐烦地"等着自己脸上的胡须长出来，这样就可以刮胡子或者留络腮胡子了……我想让自己'看起来与众不同'"。[12]当然，夏天也意味着他可以在自己心爱的卡达克斯度过美好时光。"我的夏天完全被我的身体、我的灵魂和我最喜欢的风景填满了。萨尔瓦多·达利，我如此地了解你，所以我知道，卡达克斯的风景如果不是世界上最美丽的，你就不会那么喜欢它——事实上，它的的确确是世界上最美的风景，不是吗？"[13]

1918年秋天，第一次世界大战的结束为人们带来了全新的乐观主义精神，这激励了达利和同学们创办校园杂志《学习》（*Studium*）。在杂志发行期间，达利写了散文、诗歌和有关西班牙伟大艺术家的文章，其中包括埃尔·格列柯（El Greco）、戈雅（Goya）、委拉斯开兹。[14]第二年，他迎来了人生第一次公开展览，在主剧院的音乐会社团里，他和另外两位同样来自菲格雷斯的艺术家举办了群展，并且成功卖出了两幅画。这个剧院就是现在的达利戏剧博物馆。当地报纸《埃姆波尔达联合报》（*Empordà Federal*）是如此报道的：年仅15岁的达利已经成为"能引起轰动的伟大艺术家之一"。[15]

在人生的这个阶段里，达利孜孜不倦地阅读，沉浸在艺术和哲学之中。他特别喜欢阅读康德的文章。从政治角度看，他厌恶资本主义，渴望一场革命。他和几位朋友一起受到政治和艺术话题的启发，零星地发行了三期讽刺性杂志《埃尔·三洋·潘柯拉西》（*El Sanyó Pancraci*，杂志以当地怪人潘柯拉西先生的名字命名）。[16]

1920年2月15日，在最后一期讽刺性杂志发行之后，达利在菲格雷斯的卡尔穆哈拉街（Carrer Muralla）4号租了一间工作室，他和朋友们在

《父亲的肖像》，1920年，布面油画，91厘米×66.5厘米，加拉–萨尔瓦多·达利基金会，菲格雷斯。

那里畅谈艺术和政治，并用壁画为工作室做装饰。在卡达克斯，他从拉蒙·皮乔特那里继承了一间工作室，每当他拿出油画颜料时都会感到心醉神迷。"这些干净、闪亮的颜料管代表了整个充满抱负的世界……当我迷失在光、色彩、生命的神秘中时，世界只剩下陶醉。我的灵魂与大自然的灵魂融合在了一起。"[17]

1919～1921年间达利创作了80余件艺术作品。作品的主题主要是当地景观、室内场景、肖像和自画像。这个时期，达利创作的自画像之所以特别有趣，源于它们从艺术表达和自我肯定两方面传达了达利的创作意图——他渴望为自己塑造某一种特定的形象。[18]在1920年的自画像中，我们看到这位年轻艺术家留着引人注目的鬓角，站在他最喜欢的卡达克斯风景的右前方。画面看起来有些矛盾：一方面，他将自己描绘得与心爱的风景背道而驰；另一方面，他在人像和服装颜色上选择了与环境相协调的色调，将自我形象融入背景。在作品《父亲的肖像》（*Portrait of My Father*，1920年）中，他同样描绘了他喜爱的风景，但与之形成鲜明对比的是父亲身着深色西装的拘谨形象。在另一幅作品《父亲的肖像和埃斯兰居所》（*Portrait of My Father and the House at Es Llaner*，1920年左右）中，父亲的色调与背景融合得更自然流畅。在达利的一生中，他一直在努力探索实验、学习和创造，这个过程在他早期作品中就可以看到。他曾经如此描述自己："我的思想经历了不断的磨砺，同时，我也拥有文艺复兴时期人们普遍拥有的好奇心。"

令人悲伤的是，达利的母亲于1921年2月死于癌症。母亲的离开彻底摧毁了他，同时也进一步激发了他强烈的野心。次年，或许是为了照顾彼此，老达利和亡妻的妹妹结婚。令达利更为悲伤的是，在他去马德里参加圣费尔南多皇家美术学院入学考试的前不久，一直扮演着他第二个父亲角色的佩皮托·皮乔特也去世了。幸好达利即将前往人生的下一站马德里，那里全新的人生经历、生活方式、艺术和同学们将帮助他转移悲痛。

上图：布拉瓦海岸多岩石的风景。

下图：《长了拉斐尔脖子的自画像》（Self-Portrait with the Neck of Raphael），1920～1921年，布面油画，41厘米×53厘米，加拉-萨尔瓦多·达利基金会收藏，菲格雷斯。

马德里的卡莱·德·阿卡拉（Calle de Acalá）街上的一个咖啡馆。

第四章：从隐士到马德里的时髦绅士

我们在马德里的咖啡馆里频繁出没。

整个西班牙的艺术、文学和政治前途，开始在浓烈的油烟味中沸腾。

——萨尔瓦多·达利[1]

在参加圣费尔南多皇家美术学院的入学考试之前，为了让父亲安心，达利不得不同意选修一些特定课程，这些课程让他未来有资格成为一名艺术教授。达利的父亲希望达利毕业后至少能够养活自己。达利入学考试的作品尺寸并不符合实际要求，但最终他还是被成功地录取了。圣费尔南多皇家美术学院从前是一座贵族宅邸，始建于1720年，被称为梅森·德·拉·米尔（Mesón de la Miel）[2]。这原是一座巴洛克风格的大型建筑，但是学院的管理部门认为，巴洛克式建筑与美术学院并不协调，因此它被按照新古典主义的风格进行了翻新。达利在自传中描述道："这所学院的神殿，连同所有的楼梯、壁柱和三角形楣饰都已经浮现在我眼前，隐约可见。"[3]

20世纪20年代，神奇的马德里和家乡菲格雷斯之间的鲜明对比，再加上即将交到的新朋友，成为达利的一剂良药，帮助他更彻底地进入自我定义的角色，并为他与生俱来的天分锦上添花。达利幸运地得以住在学生公寓里，这里可以容纳约150名家庭富裕的学生。在最初的几个月里，达利生活得像个隐士，他刻意避开聚集在公寓周围的人群，在学院和住所之间两点一线地生活着。根据自传所述，达利留着长头发和鬓角，"买了一顶黑色的大毡帽和一根烟斗。我不抽烟，所以并不点燃它，只是一直把它挂在嘴角旁。我讨厌长裤，于是就决定穿短裤配长筒袜，有时还穿短衬裤。"[4]虽然达利本人可能没有意识到自己的特别，但

圣费尔南多皇家美术学院的正面，卡莱·德·阿卡拉街。

他与众不同的形象在往返学生公寓的途中给人留下了深刻的印象。渐渐地，一个对他感到好奇的群体形成了。

在这个阶段，达利每天的预算从来不会超过一比塞塔。每周日早晨，他会前往普拉多博物馆（Prado Museum），在那里，他"尝试了由不同画作构成的立体派草图"。[5]事实上，达利在来到马德里之前就已经开始偏离印象派，转而尝试其他不同的绘画风格。在这个过程中，他了解了一些法国超现实主义艺术家，如安德烈·布勒东（André Breton）、保尔·艾吕雅（Paul Éluard）、路易·阿拉贡（Louis Aragon）和雅克（Jacques）男爵。此外，他还深入研究了点彩派和立体主义，并探究了这些运动的领军人物，如巴勃罗·毕加索、胡安·格里斯（Juan Gris）和乔治·布拉克（Georges Braque）。达利开始在自己房间内创作他的第一幅立体主义作品，这幅作品深受胡安·格里斯的影响。[6]尽管达利尝试了各种绘画风格和技巧并创作了许多作品，但他很快发现学院的教学令人失望。导师们对他这样前卫的学生束手无策，他们认为被达利抛弃的印象派才是占绝对优势的主流风格。[7]

在过了4个月修道士般的生活后，学院众多艺术团体中的一个发现了达利，并极其欣赏他的立体主义作品。这个团体中的代表人物包括路易斯·布努埃尔（Luis Buñuel）、佩平·贝洛（Pepín Bello）、欧金尼奥·蒙特斯（Eugenio Montes）、佩德罗·加菲亚斯（Pedro Garfias）、

马德里学生公寓。

马德里学生公寓的一个房间，保留着20世纪20年代的摆设，洛尔迦、达利和布努埃尔都曾住在这里。

拉斐尔·巴拉达斯（Rafael Barrades）和费德里科·加西卡·洛尔迦（Federico García Lorca）。到了1923年初，达利已经与这个团体建立了深厚的友谊，特别是与洛尔迦和布努埃尔。华灯初上，他们外出享受城市的夜晚，当有人攻击达利的形象时，布努埃尔总是会站出来维护他，甚至不惜与他人发生肢体上的冲突。久而久之，达利似乎厌倦了此类冲突，觉得是时候改变一下自己的形象了。于是，他在一天之内完成了这个壮举："……当我的形象在同学院的学生中再次引起轰动时，我立刻意识到，原来我并没有成功地让自己看起来像个普通人。虽然我的所有服饰都和其他同学一样出自高档的时装店，但当我把它们以一种不同寻常的方式搭配在一起时，人们仍然会像以前那样回头看我。"[8]

能融入这个艺术团体令达利欢欣鼓舞，这不仅促使他改变了外表，改变了生活方式，也丰富了他的艺术和学术体验。有许多名人会来到学生公寓演讲，向学生们传播新思想和新知识，其中包括阿尔伯特·爱因斯坦（Albert Einstein）、H.G.威尔斯（H.G.Wells）和居里夫人（Madame Curie）。尽管学生公寓有着浓郁的艺术、学术和科学氛围，达利和朋友们却成了城市繁忙夜生活的常客，每个人都试图给自己树立放荡不羁的名声。达利性格古怪且不受任何规则的约束，在派对上，他乐此不疲地耍同一个把戏：在威士忌里放一张钞票，然后一饮而尽。他们出没的地方实在太多了，无法一一提及，但是在某些学年里，他们最常出没的是马德里当时最时髦的酒吧和餐馆。

20世纪20年代，生活在马德里的达利尽管很享受与朋友们的相聚和陪伴，但他也需要独处的空间和时间进行创作。因此，他有时会连续几个小时待在房间里沉浸于绘画，努力平衡艺术创作与繁忙的社交生活。从1922年9月起，他在早期的学生时代创作了数量众多的绘画作品，以至于参观者难以在作品中随意穿梭。1923年，他创作了第一件打上达利式立体主义标记的作品——《立体主义自画像》（Cubist Self-Portrait）。通常而言，立体主义绘画作品是由所有被描绘对象的碎片组成的，然而在这幅作品中，达利的脸部保持了完整的造型。在这一阶段，除了之前提及的几位艺术家，德兰（Derain）和马蒂斯也影响了达利的画风。1923年，达利画了一组裸体画，这一系列的创作显然受到了马蒂斯作品风格的影响。

同年，另一位对达利影响深远的人物——西格蒙德·弗洛伊德（Sigmund Freud）出现了，他的著作《梦的解析》（The Interpretation of Dreams）发行了西班牙语版。达利认为这是一本改变了人们生活的书，他在私人藏本的页边空白处写满了笔记。在自传中，他提到了这本书对他的影响："它让我印象深刻，是我一生中重要的发现之一。我被一种真正的自我解析彻底征服了，它不仅能解析我的梦境，还可以解析发生在我身上的所有事情，无论这些事情在第一眼看来何其偶然。"[9]

1923年秋，达利对学院的不满情绪变得更加强烈：他支持的某位教授的委任令被学院拒绝，这引发了一场大规模的学生抗议，而学院当局

《立体主义自画像》，1923年，粘在木板上的纸板油画和拼贴画，104厘米×75厘米，索菲亚王后国家艺术中心博物馆（Museo Nacional Centro de Arte Reina Sofía），马德里。

认为，这完全是因为达利违反纪律、突然离开会议现场导致的。达利因此被停学一年。在此期间，达利仍在马德里免费学院（Madrid's Free Academy）继续上课与创作。后来，他回到了家乡菲格雷斯，再次在胡安·鲁涅兹的指导下学习绘画，在这一阶段他创作了自己的首幅版画和蚀刻作品。

没过多久，达利在菲格雷斯又遭遇了新的麻烦。1923年9月，米戈尔·普里莫·德里维拉（Miguel Primo de Rivera）将军掌权，西班牙政府开始了长达7年之久的温和军事独裁统治。达利的父亲曾直言不讳地批评这个政府。1924年5月，达利和几个朋友被捕入狱，这很有可能是要在国王阿方索十三世（Alfonso XIII）访问加泰罗尼亚之前肃清捣乱分子。不过，在监狱里的一个多月似乎没有给达利带来太多困扰，1924年6月11日达利获释。"在监狱里我其实非常开心。作为政治犯中的一员，每天晚上我都跟狱友们一起品尝劣质的本地香槟，并收到了来自朋友、宗教信仰者和亲戚们数不清的礼物。"[10]

同年，达利在本土造成的另一个影响开始逐渐成形。他为密友查尔斯·法吉斯·克莱门特（Carles Fages de Climent）写的诗歌《勒尔斯的女巫》（*The Witches of Llers*）创作了插图，这首诗歌为埃姆波尔达地区的文学神话做出了贡献。查尔斯和达利在同一条街道长大，两人是一生的朋友和艺术上的合作者。[11]当达利为《勒尔斯的女巫》创作插图时，很有可能是把自己的祖先作为女巫原型。

1924年秋，达利重新回到了圣费尔南多皇家美术学院，"在那里，我的团体迫切地等待着我。"[12]在这个阶段，他汲取了纯粹主义、立体主义和表象论的最新发展方向，受到了19世纪德国浪漫主义画家卡斯帕尔·大卫·弗里德里希（Caspar David Friedrich）和意大利超现实画家乔治·德·基里科（Giorgio de Chirico）的影响。德·基里科作品中的形象往往很怪诞，他总是把人类放置在黑暗、缺乏人情味、鬼魂出没的背景里。透过达利创作的《路易斯·布努埃尔肖像画》（*Portrait of Luis Buñuel*），可以看出这个时期德·基里科在艺术上带给他的灵感。在画中，布努埃尔个性鲜明、身着黑衣出现在画面的前景中，背景则是一片荒凉的景色，仅有一些微小的建筑。20岁的达利仍旧觉得学院的教学水平低于他那时的绘画水平，所以他每周都会去普拉多博物馆参观，那里对他来说就是一个知识宝库。他钻研各种不同的绘画风格，最后找到了完美的达利模式，从而最确切地表达出了他内心深处的自我。

　　在马德里时期，达利与洛尔迦的友谊越来越深厚，他们在学术上有着共同的兴趣。达利认为，这个比他大6岁、又黑又帅的男人迷人且富有智慧。洛尔迦是公开的同性恋，虽然达利没有对洛尔迦的求爱给予回应，但他确实对洛尔迦很着迷。1925年的圣周（复活节前一周）期间，达利邀请洛尔迦一同前往卡达克斯的避暑别墅。在那里，洛尔迦似乎爱

《路易斯·布努埃尔肖像画》，1924年，布面油画，70厘米×60厘米，索菲亚王后国家艺术中心博物馆，马德里。

上了达利。西班牙艺术评论家、诗人拉斐尔·桑托斯·托罗埃拉（Rafael Santos Torroella）把1925年定义为达利"洛尔迦时期"的开始。当然，同时期达利的一些作品也确实支撑了这一观点。[13] 达利的油画《弹吉他的皮耶罗》（*Pierrot Playing the Guitar*）正是出自这一时期，从中不难看出其绘画风格受到了洛尔迦和毕加索的影响。然而，在这些影响之上，达利用另外一种方式诠释了立体主义，并将幻想和抽象的概念融入其中。在画作中，一个黑暗、被遮蔽的人物像影子般站在皮耶罗身后。这幅作品带来的心理暗示很明确：达利很有可能试图用影子来代表他自己，而皮耶罗则代表洛尔迦，因为达利觉得当时两人越来越亲密，简直犹如同一个人。这也可以理解为：达利与洛尔迦走在相同的探索之路上。[14]

1925年11月，达利在巴塞罗那达尔莫画廊（Dalmau Gallery）举行首次个展，共展出17幅绘画作品。评论家们对其广泛的艺术风格各抒己见，但总体来说，评价极其正面。达利的父亲对这次画展的成功非常满意，因此资助了达利与妹妹、继母前往巴黎和布鲁塞尔旅行。1926年4月下旬，他们开始旅行。旅行的这一个月是推动达利进入艺术高潮的开端——洛尔迦发表了《萨尔瓦多·达利颂诗》（*Ode to Salvador Dalí*），这俨然成为达利具有天分的重要证词。达利与家人先去了凡尔赛，紧接着去了布鲁塞尔，然而整个旅行的亮点却是达利与毕加索在巴黎的会面。当时，达利带了自己的作品《菲格雷斯女孩》（*Girl from Figueres*）给毕加索鉴赏，毕加索仔细研究了15分钟却一言未发。随后，毕加索用2个小时向这位年轻的艺术家展示了自己的画作。"每拿出一幅作品，他都会看我一眼，目光中充满活力与智慧，感情强烈到让我浑身发抖。我完全没有发表任何评论。临行前他在楼梯上与我交换了一下眼神，清楚地传达了这样的信息：'你明白了吗？''我明白了！'"[15] 在巴黎，达利也与布努埃尔见了一面。达利回到加泰罗尼亚后，回想起自己在巴黎的经历以及在那里感受到的热烈欢迎，甚至开始考虑是否搬去巴黎生活。

1926年6月中旬，达利为了逃离圣费尔南多皇家美术学院实行了一个狡猾又公开的计划。他拒绝参加艺术史课程的口试并且发表声明："在

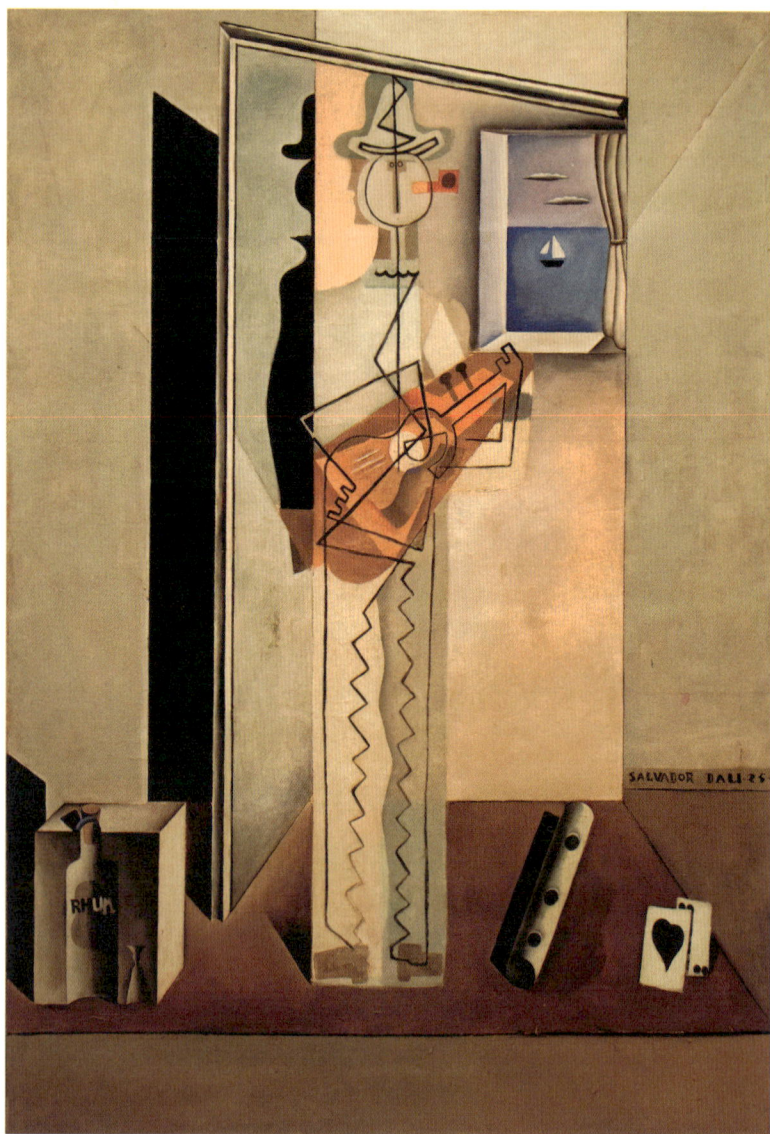

《弹吉他的皮耶罗》，1925年，布面油画，198厘米×149厘米，索菲亚王后国家艺术中心博物馆，马德里。

圣费尔南多（皇家）美术学院里，没有哪个教授有资格评判我。"[16]毫无疑问，这个计划取得了预期的效果，教授们都觉得受到了侮辱。8天后，达利被学院开除。"我想结束我在美术学院和马德里的放纵生活，因此我强迫自己转身离开，回到菲格雷斯工作一年。然后，我试图说服我的父亲，让他确信我应该去巴黎继续深造。"[17]计划的前半部分进行得非常顺利，但是，剩下的部分是不是也会如此奏效呢？

《菲格雷斯女孩》，1926年，布面油画，21.5厘米×21厘米，达利戏剧博物馆，菲格雷斯。

巴黎的街边咖啡馆，1929年。

第五章：在巴黎崭露头角

在余生里，我会一直搭乘这种神秘而深奥的精神地铁。

——萨尔瓦多·达利[1]

　　回到家乡菲格雷斯后，达利按照之前制订的计划专心在家乡工作了一年，静静等候前往巴黎的美梦成真。在这段时间里，他最成功的素描作品是妹妹和父亲的肖像画，据他观察："父亲表情苦涩，这应该是我被学校开除造成的。"[2]达利还完成了一系列神话主题的绘画，在这些作品里他尝试着"把几何秩序与传统绘画原则联系起来，并从立体主义经验里得出积极的结论"。[3]

　　1926年，达利在巴塞罗那和马德里参加了多次群展。1927年，他第二次参加巴塞罗那的萨拉帕尔斯（Sala Parés）秋季沙龙，随后在达尔莫画廊又举办了一场个人画展，共展出了20幅油画，与他在该画廊的首次个展相比，这次展览的风格更加鲜明。达利受到了媒体的极大追捧，关于他作品的讨论也渐渐蔓延到了巴黎。在他1926年的油画作品《卷发女孩》（*Girl with Curls*）里，已经可以看到超现实主义元素被他欣然接受并运用了。

　　在给达利带来影响的人当中，有一位同样来自加泰罗尼亚的艺术家——胡安·米罗（Joan Miró），他当时已经在巴黎取得了引人注目的成功。同一时期，对达利有创造性影响的人还包括超现实主义者马克斯·恩斯特（Max Ernst）、让·阿普（Jean Arp）、安德烈·马松（André Masson）和伊夫·唐吉（Yves Tanguy），以及形而上画派（译者注：该画派对超现实主义产生了巨大的影响）的创始人卡洛·卡拉（Carlo Carra）和乔治·德·基里科。1926年，达利在《超现实

《卷发女孩》，1926年，木板油画，51厘米×40厘米，达利博物馆，圣彼得堡，佛罗里达。

圣费伦城堡，达利服兵役的地方。

主义革命》（*La Révolution Surréaliste*）[4]中看到了唐吉作品《隐形之环》（*The Ring of Invisibility*，1926年）的影印版，并深受其影响。在达利的作品中，我们可以看到达利是如何把埃姆波尔达平原的本土风景融入绘画里的，其灵感很可能来自唐吉的沙漠景观以及乔治·德·基里科的怪诞城市景观。在以绘画的方式与家乡景观相联系的过程中，达利经历了蜕变。早在幼年时期，达利就与家乡密不可分。在自我塑造时期，达利更是把家乡景观当作自己的老师，不断地从中汲取养分，自然地与它们融为一体，并将其运用到创作中。不久之后，在唐吉的影响下，达利也开始在作品中运用多样的艺术形态，甚至短暂地对"自动绘图"
（Automatic Drawing，一种超现实主义画派的艺术形式，即摆脱理性的
控制，让画笔在纸上随机移动，以表现创作者的潜意识）产生了兴趣，
但很快他就放弃了。

　　然而，达利伟大的巴黎计划不得不暂时搁浅，一个巨大的障碍阻
挡了他前行的道路，即他无法逃避的兵役。1927年2月，达利开始了在
菲格雷斯的圣费伦城堡（Castell de Sant Ferran）为期9个月的义务
服兵役。[5] 在此期间，尽管他无法保持一贯的多产节奏，但还是创作了
一些绘画和文学作品。他为密友洛尔迦的新剧《玛丽安娜·皮奈多》

费德里科·加西亚·洛尔迦（左）
和达利在菲格雷斯，1925年。

（*Mariana Pineda*）的首映式设计了服装和布景。在1927年的3个月暑假期间，他与洛尔迦在巴塞罗那、锡切斯（Sitges）和卡达克斯共度了美好的时光，洛尔迦继续在个人生活和艺术上影响着达利。

达利还为在锡切斯出版发行的加泰罗尼亚著名先锋派出版物《艺术之友》（*L'Amic de les Arts*）创作了一些诗歌、绘画和文章，其中包括《圣塞巴斯蒂安》（*San Sebastián*）。圣徒是达利"洛尔迦时期"主要的绘画主题。达利在文章里经常隐晦地提到洛尔迦，同时他也为洛尔迦的散文组诗提供了创作灵感。[6]达利早期对科学很感兴趣，因此在他的作品中还会出现一些测量圣徒痛苦程度的仪器，例如"计算美学价值之间表面距离的日光计"以及"蒸馏凝结物"[7]。在1927年拍摄的一张照片里，达利手拿《科学与发明》（*Science and Invention*），这是一本来自纽约的英文期刊，专门报道当下最新的科学进展。

从同年秋天达利写给洛尔迦的一封信来看，达利在艺术上取得了突破。"费德里科，我在画那些让我快乐得要命的画，我用绝对自发的方式进行创作，没有丝毫的审美顾虑。我用极其深刻的情感去描绘那些激发我灵感的事物，尽可能诚实地去表现它们。"[8]在这一时期，达利引人注目的作品之一是《少许灰烬》（*Little Ashes*），一系列奇特而梦幻的物品出现在了画面中。同时期，他还在《我的秘密生活》一书中写道："我虽然身在菲格雷斯，但是正如我之前所说，我正准备进军巴黎。"[9]

达利的密友路易斯·布努埃尔一直和他保持联系，希望能与他合作拍摄一部电影，制作资金来自布努埃尔母亲的借款。然而，达利觉得布努埃尔的电影构思过于平庸。巧合的是，大约在同一时间，达利自己写了一个剧本，并且认为它是"神来之笔"。[10]当他把剧本告诉布努埃尔时，布努埃尔非常激动并当即决定于1929年初来菲格雷斯共商此事。两人一起创作了影片《一条安达鲁狗》（*Un Chien Andalou*）。之后，布努埃尔回到巴黎，与达利继续远程协作，他们的工作效率很高，完全能保证影片在1929年4月2日开机。[11]经过漫长的等待，达利终于来到了他计

《少许灰烬》，1927～1928年，木板油画，64厘米×48厘米，索菲亚王后国家艺术中心博物馆，马德里。

划中的目的地——巴黎，他住在维维安街（Rue Vivienne）的一家平凡无奇的酒店里[12]，这条街连接着法国国家图书馆和蒙马特大道。达利在巴黎住了2个月，粗略地参观了勒阿弗尔（Le Havre），并在那里拍摄了影片中的海滩场景。

在巴黎，达利一直受到同乡胡安·米罗的关照，他发现这位勤奋、可靠的艺术家经常处于沉默之中。然而，有一天晚上外出时，胡安·米罗开口与达利分享了一段话："生命中有一件很重要的事：保持自己的倔强。当我追寻的东西无法淋漓尽致地表达在画里时，我会生气地用头撞墙，直到头破血流。"米罗带着达利去会见重要的社会人士，然而当时的达利仍在跟自己的羞怯苦苦斗争。当他被介绍给布勒东和其他超现实主义画家时，他表现出了同样的胆怯，以至于马克西姆·亚历山大（Maxime Alexander）将他描述为"一个胆怯的年轻人，他十分谦逊，穿着西装、衣领硬朗，看起来像个售货员，而且他是我们当中唯一留着小胡子的人"。[13] 米罗还带着达利一起出席了某次在皮埃尔·勒布（Pierre Loeb）家举行的晚宴，其他6位已与画商签约的艺术家也恰好在场。达利认为，这些艺术家取得的成功都极其有限。在这群人中，唯一脱颖而出，让他注意到的是一位在俄罗斯出生的超现实主义画家帕维尔·切利乔夫（Pavel Tchelitchew）。切利乔夫目睹了达利第一次搭乘地铁的窘状，他不得不害怕地步入其中，更糟糕的是，同行的艺术家比他提前一站下车，这对达利而言绝对是严峻的考验。巴黎地下交通系统的压迫感，与他生活的其他方面形成了鲜明对比，因此他决定"在余生里，我会一直搭乘这种神秘而深奥的精神地铁"。[14]

达利在逗留巴黎期间为《艺术之友》写的6篇系列文章描绘了巴黎的概况。1926年，达利初次到访巴黎，仅过去短短几年，20世纪20年代末的宏伟巴黎就已经达到了他那时的期望值，这让他感到热情饱满。[15] 一战结束后，巴黎的咖啡馆文化、艺术和文学氛围日益繁荣，成了人们追寻欢乐与美丽的地方。对超现实主义者和前卫派而言，巴黎无疑是艺术之都。城市里处处矗立着美丽的建筑，其中不乏许多引人注目

巴黎一个拥挤的街角和地铁入口，1936年。

的装饰艺术风格建筑和剧院。塞纳河左岸周围到处都是艺术家和作家，他们来自世界各地，被这座世界上最令人兴奋、最迷人的文化城市吸引。那时，如果你流连在巴黎的某家咖啡馆里，那么很有可能会碰到弗朗西斯·斯科特·菲茨杰拉德（F. Scott Fitzgerald）或欧内斯特·海明威（Ernest Hemingway）。右岸的蒙马特区，自19世纪90年代以来就以舞厅和咖啡馆闻名于世，20世纪20年代，这里开始流行拉格泰姆（Ragtime）音乐、爵士乐和黑人音乐。达利正是从这时开始喜欢上了爵士乐。

达利带着刚完成不久的画作《春天的第一天》（*The First Days of Spring*）去了巴黎。根据艺术家的自传，他当时用只属于自己的流程创作

《春天的第一天》，1919年，木板油画和拼贴，49.5厘米×64厘米，达利博物馆，圣彼得堡，佛罗里达。

了这幅画，表现出非理性的形象。"我坐在画架前一整天，眼睛眨也不眨，试图单纯地做'看'这个动作，就像工具一样……我要画的形象就这样慢慢地浮现在我的想象里。"[16] 从这幅画开始，达利认为他发现了达利式绘画方法的核心——保持一种既客观又主观的态度。这一突破要归功于他把自己独特的个人象征主义与弗洛伊德理论完美地结合了起来。

　　1929年5月，米罗对达利坚定不移的支持终于初见成效，他成功地把达利引见给了卡米尔·戈曼（Camille Goemans）。戈曼刚在塞纳河畔开办了独立画廊，是雷内·马格利特的密友。在达利25岁生日的3天后，也就是5月14日，戈曼与他签订了一份合同，合同规定：画廊每月支付给达利1000法郎，而他在1929年5月15日至11月15日期间创作的作品全部归画廊所有。戈曼还将为达利策划举办1929～1930年作品展。同时，戈曼将达利介绍给了诗人保尔·艾吕雅，艾吕雅购买了达利的画作，两人彼此欣赏，艾吕雅许诺会到卡达克斯拜访达利。

1929年6月6日，电影《一条安达鲁狗》在巴黎首映，引起了巨大反响[17]，它作为一件新奇的事物被大众积极地接受了。然而，这并不是两位合作者期待的，事实上，达利不仅对大众反响感到失望，而且对呈现出来的电影作品也不甚满意，因为它的画面和内容还不够令人厌恶。电影以一个女孩被割开眼睛的场景开场[18]，这其实给观众埋下了一个伏笔，预示着故事接下来的走向。不管怎样，这部电影确实在世界艺术之都引起了巨大的轰动，并让达利有资格成为一个无法无天的人。不同领域的创作帮助达利进一步探索和明确了自己的视觉形象。20世纪20年代末，他创作出了第一批雕塑作品，其中包括陶瓷片与陶瓷物件。

然而，由于健康问题，达利不得不提早离开巴黎。回到加泰罗尼亚的第二天早上，达利醒来时满眼尽是"埃姆波尔达平原上阳光四射的景色"[19]，他体会着"一种透明感，仿佛能看到、能听到我再次充满能量的心声里那些微小的、流动的快乐因子"[20]。这并非他那瞬间唯一的感受，他还在自传中写道："我模糊的预感变得越来越清晰，这些迹象是爱的预兆——今年夏天我就要感知到爱情了……"[21]那年夏天，达利的性和情感能量都极度紧绷，他偶尔会发出令人捉摸不透的大笑，有时还会在床上扭动身体。他开始害怕可能到来的、未知的疯狂。他的预感是否真的会在现实中发生，还是仅仅是他详尽幻想中的一部分？这些我们都无从考证，但是我们可以肯定，1929年夏天，历史上一个让人津津乐道的爱情故事翻开了篇章。

诗人艾吕雅信守诺言，于1929年夏天到卡达克斯拜访达利。同行的还有诗人的妻子加拉、女儿塞西尔（Cécile）、路易斯·布努埃尔、戈曼、戈曼的一个朋友，以及雷内·马格利特夫妇。他们来到了达利最喜欢的地方——在这里，达利觉得自己是自然风景的人类化身。达利初见加拉便对她一见钟情，不过，他必须要把这份爱藏在心里，不能让她当时的丈夫保尔·艾吕雅察觉到。当然，加拉也被达利深深吸引，只是程度不如一见钟情那么强烈。加拉出生于俄罗斯，原名伊琳娜·伊万诺夫娜·迪亚科诺娃（Elena Ivanovna Diakonova）。20世纪20年代初，她曾有过另一段婚姻，丈夫是英俊的德国达达主义艺术家马克斯·恩斯特。1929年，加拉结束了与艾吕雅的婚姻。[22] 达利在自传中写道："她注定是我的格拉迪沃（Gradiva，威廉·詹森同名小说中治愈男主人公精神疾病的女子），一个不断前进的人，她是我的胜利果实，也是我的妻子。"[23] 加拉的出现似乎加剧了达利在情感方面的挫折感，达利的举止变得更加古怪。9月，艾吕雅动身返回巴黎，加拉则留了下来，开始这段与达利的爱情。这也是达利人生中最重要的、一直延续至生命终了的恋爱关系，尽管这段关系无法让周围的每个人都欣然接受。

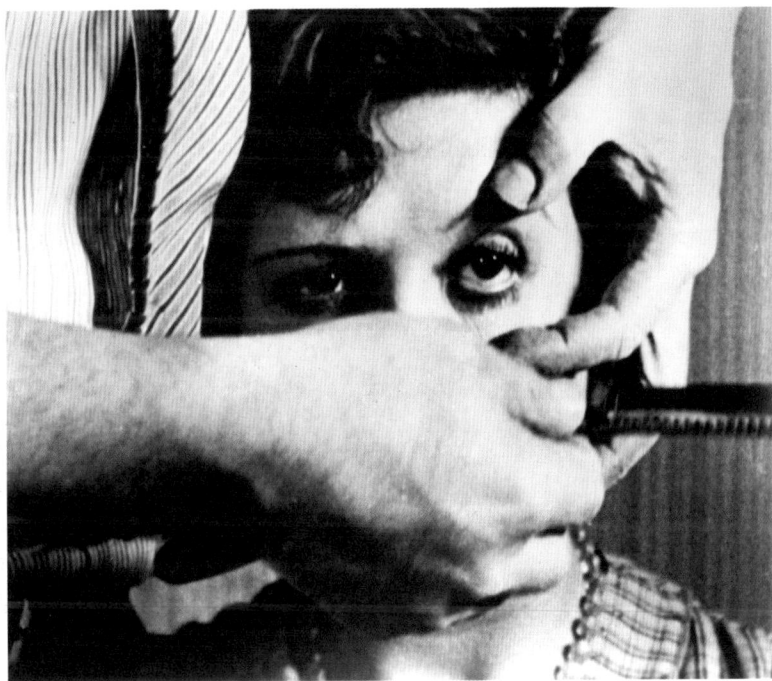

电影《一条安达鲁狗》让人惊愕的开场，1929年。

《记忆的永恒》(*The Persistence of Memory*,局部),1931年,布面油画,33厘米×24厘米,纽约现代艺术博物馆(Museum of Modern Art)。

第六章：步入超现实主义

在那个充斥着特权的地方，现实和崇高极端盲目地融合在一起。
我的神秘天堂从埃姆波尔达平原开始，阿尔伯雷斯（Alberes）山环绕着那片土地，
在卡达克斯湾，这种美达到了极致。

——萨尔瓦多·达利[1]

　　达利在自传中说道："加拉对我并非一见钟情。她认为'我是一个难以忍受的、讨厌至极的人，因为我那用发膏梳得一丝不苟的头发和我无可救药的优雅……'我承认，在马德里时我确实热衷于打扮。"[2]然而，在卡达克斯生活了几天之后，加拉开始主动与达利一同去散步。她也许渐渐发现，达利是那个能帮助她实现个人神话的男人。在欢声笑语中，达利告诉加拉，自己爱上了她。[3]从那一刻开始，他们的关系就像花儿一样盛开，但这同时也唤醒了达利内心深深的恐惧。他经常对加拉说："最重要的是，你不要伤害我，我也不要伤害你，我们坚决不伤害彼此。然后，我提议我们在日落时分散步到一个地势较高的地方，一起欣赏美丽的风景。"[4]尽管心中有些害怕，达利还是把加拉视为自己的情人、缪斯和救世主。后来，达利另外一位重要的缪斯兼朋友阿曼达·里尔（Amanda Lear）表示自己坚决不能忍受加拉，并形容她是一个爱抱怨的人。在《我与达利的生活》（*My Life with Dali*）一书中，阿曼达写道："达利有天使般的耐心，而且深深爱慕着加拉。当他们在一起时，达利就像一个在母亲面前的孩子。当达利在谈话中迷失，过多地谈论性爱话题时，加拉都会假装没有听见。"[5]

　　加拉于1929年9月下旬离开卡达克斯。她不在的时候，达利全情投入工作中，为巴黎的展览做准备。电影《一条安达鲁狗》可以说是达利正

左图：达利和加拉，摄于20世纪30年代。

对页图：《伟大的自慰者》，1929年，布面油画，110厘米×150厘米，索菲亚王后国家艺术中心博物馆，马德里。

式步入超现实主义的标志，而他1929年秋天则创作了一系列带有强烈达利艺术风格的优秀作品。达利与加拉的关系似乎治愈了夏天他一直担心会出现的疯狂心理，让他能自由地创作出一些他最爱的代表作，并与布努埃尔合作拍摄了另一部电影。

20世纪20年代末，达利阅读了理查德·克拉夫特-埃宾（Richard Krafft-Ebing）的《性心理疾病》（*Psychopathia Sexualis*）一书。1886年，该书首次发行了德语版，当时"可被接受的"性行为与今天大相径庭。书中汇集了200多个关于性差异的案例，涵盖普遍的、奇异的甚至恐

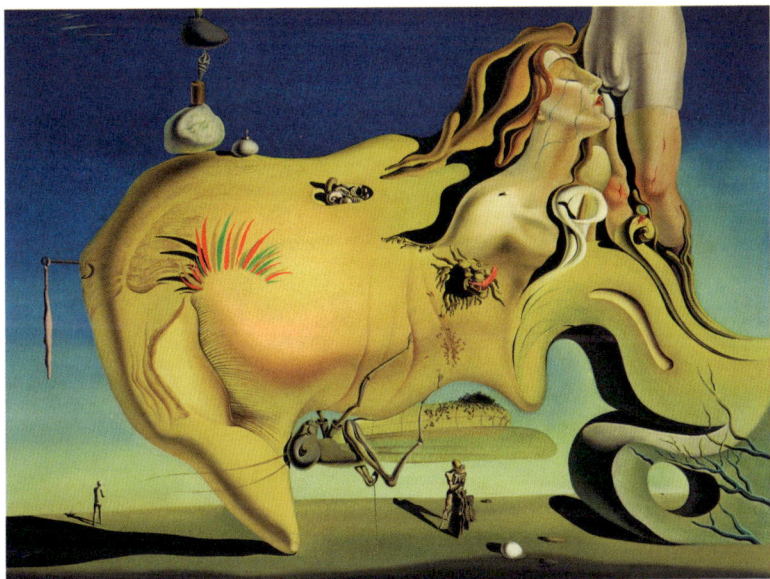

怖的案例，通篇使用患者的语言进行交流与表达。这类研究很有可能帮助达利更加自由地探索自己的幻想，并利用这些幻想进一步丰富作品中的想象力。[6] 1929年，达利创作了众多作品，其中包括《伟大的自慰者》（*The Great Masturbator*），这也是他的著名作品之一。达利本人把这幅画称为"自己异性恋焦虑的表现"。[7] 与达利融为一体的风景、伴随他一生的性困惑，还有他最近与加拉的经历，三者近乎完美地结合在了画面里。达利称自己已经筋疲力尽，脸上犹如停了一只蚱蜢和一群蚂蚁。[8] 在《萨尔瓦多·达利不可言喻的自白》（*The Unspeakable Confessions of Salvador Dali*）中，达利完美地描述了他与所处环境之间的关联："在那个充斥着特权的地方，现实和崇高极端盲目地融合在一起。我的神秘天堂起始于被阿尔伯雷斯山环绕的埃姆波尔达平原，在卡达克斯湾，这种美达到了极致。这片土地是我永恒的灵感，它也是这个世界上唯一能让我感受到被爱的地方。当我在《伟大的自慰者》中画下这里的岩石时，我只不过是在向王国中的一个岬角致敬罢了。画作只是献给我皇冠上宝石的一

《我的欲望之谜》，1929年，布面油画，110.5厘米×150.5厘米，慕尼黑现代艺术馆。

首赞诗。"他强调这个地方是"这个世界上唯一能让我感受到被爱的地方"[9]，解释了他与这个美妙地方的奇特关系。

《伟大的自慰者》创作于作品《悲惨游戏》（*The Lugubrious Game*）之后，与此同时，另一幅重要的作品《我的欲望之谜》（*The Enigma of Desire*）也正在创作中。1929年底，《我的欲望之谜》成为达利在戈曼画廊出售的第一幅作品。这幅作品描绘了达利钟爱的克雷乌斯角风景、高迪建筑和巴洛克风格物件，画面中出现了他标志性的人脸。同年，达利还创作了《我有时高兴地往母亲肖像上吐痰（神圣的心）》[*Sometimes I Spit with Pleasure on the Portrait of my Mother (The Sacred Heart)*]，并用法语在画作上注明标题，这很快就导致严重的家庭裂痕。

《看得见的女人》书中插图，
1930年。

　　达利计划于1929年11月20日至12月5日在戈曼画廊举行画展。在巴黎筹备画展期间，达利发现加拉精心将他随意写下的一些潦草文字和涂鸦整理成册。"根据加拉的建议，这些笔记最后被改编成了理论和诗歌。"[10]最终，这些资料被收入《看得见的女人》（*La Femme Visible*）一书，并于1930年由超现实主义出版社（Éditions Surréalistes）出版发行。诸如《腐朽的驴》（*The Putrified Donkey*）等文章，连同这一时期的绘画和其他艺术作品，都表明达利正在为自己的偏执狂批判法（paranoiac-critical method）打基础：让自我劝说式的偏执状态和系统化的非理性思维进入潜意识成为可能。这样一来，达利就能完全放弃对世界的预设想，以一种全新、独特的方式来看待世界。[11]

　　在花费了生命中如此多的时间疯狂地学习和尝试各种不同的艺术风格后，达利最终突破自我界限，创作出一目了然的达利式作品。同时，

上图：《欲望的寄托》，1929年，木板油画和拼贴画，22.2厘米×34.9厘米，美国大都会博物馆，纽约。

对页图：《悲惨游戏》，1929年，木板油画和拼贴画，44.4厘米×30.3厘米，私人收藏。

他完全步入了超现实主义。"潜意识里有一种象征性的语言，这实际上是一种真正的通用语言。定义其为通用语言是因为用来交流的词汇通常围绕着性之本能、死亡之感、空间之谜等概念——这些必不可少的恒量，在每个人身上都能产生回响。当然，要理解一幅美学图像，从文化和学术两个方面着手培养鉴赏力是必不可少的。成为超现实主义者唯一的条件是，你必须是一个乐于接受事物和有直觉的人。"[12]

就在展览开幕前的两天，达利做出了一件让他自己都很惊讶的事——他决定和加拉开始"一次爱情之旅……因此，我甚至都没有看到首次展览的画作是如何陈列的。我必须承认，在这次旅行中，我和加拉只是单纯地沉迷于我们的身体，以至于几乎没有想到过我的展览。而且，我已经把这个展览视为'我们的展览'"。[13]达利和加拉先后去了巴塞罗那和锡切斯。

展览获得了巨大的成功，11幅画作全部销售一空。布勒东购买了《欲望的寄托》（*Accommodations of Desire*），并为达利的展览目录写了一篇介绍文章。对达利来说，还有一件事非常重要，那就是享有盛誉的收藏家德·诺阿耶（de Noailles）子爵参观了画展并购买了画作《悲惨游戏》。不幸的是，戈曼因负债累累无法向达利支付此次画展的收入。德·诺阿耶子爵为帮助达利，预付29000法郎购买了另一幅画作，这简直解了达利的燃眉之急。此外，子爵还投资了达利和布努埃尔的下一部电影《黄金年代》（*L'Age d'Or*），并把达利介绍给他的下一位画廊经销商皮埃尔·科勒（Pierre Colle）。

随后，布努埃尔来到加泰罗尼亚与达利合作拍摄新电影。"在这部电影里，"达利说，"我想要放入许多大主教、骨头和怪物的元素。我特别想让大主教们戴着刺绣头饰深陷在克雷乌斯角的岩石灾难中。"[14] 布努埃尔想把这部电影进一步推向反教权的道路，但达利坚持自己的立场。很快，布努埃尔回到巴黎开始拍摄这部电影，达利则独自留在卡达克斯。一天中午，他正享受着他最喜欢的海胆时，一只白猫出现在他面前，白猫的眼睛里闪烁着光芒，达利觉得这是一个不祥的预兆。几天后，达利果然收到了"来自父亲的一封信，他通知我，我将被永远逐出家门"。[15] 毫无疑问，这一家庭裂痕是由于父亲强烈反对儿子与加拉的关系所致，同时也宣泄了《我有时高兴地往母亲肖像上吐痰（神圣的心）》这幅作品带给父亲的愤怒。达利剪掉自己所有的头发并把它们埋在卡达克斯沙地上的一个洞里，然后在"一座可以俯瞰整个卡达克斯的小山丘"上思考了几个小时[16]。随后，达利决定第二天乘火车去巴黎，把他深爱的避难所和带来灵感的那片美丽风景留在身后。[17]

回到巴黎后的一天晚上，达利受邀去德·诺阿耶子爵家共进晚餐。"他的家着实让我大吃一惊，我荣幸地看到我的画作《悲惨游戏》被挂在克拉纳赫（Cranach）和华托（Watteau）的画之间。"[18] 在这一阶段，达利依旧在和自己的胆怯作斗争。"我无法控制的胆怯让我变得极其不善交流，这样的性格在人群中显得如此格格不入，以至于我

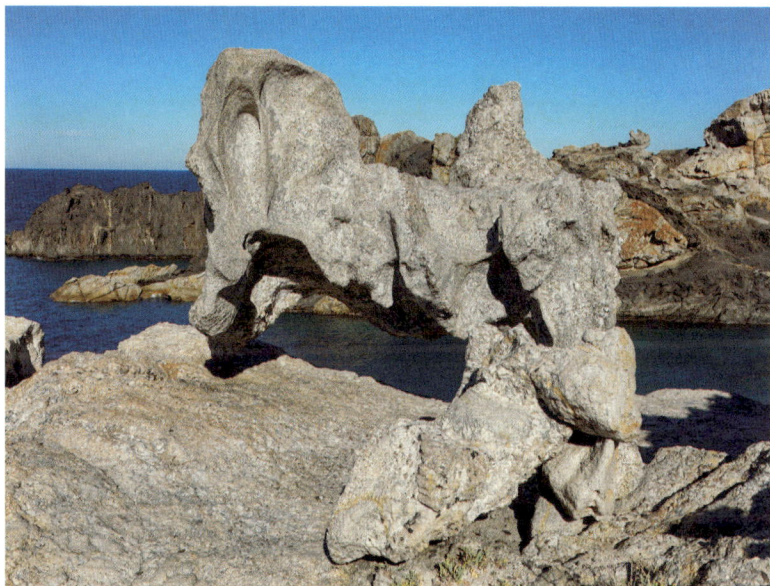

克雷乌斯角自然公园奇怪形状的岩石。

明确地意识到，人们在紧张地期待着我开口说话的罕见时刻。于是，我莫名其妙地发表了一段言论，极其粗俗且充满着西班牙式的狂热，道出了被压抑许久后积累的一切观点……"[19] 有一次，为了让自己看起来更幽默，达利还与另一位艺术家一起开起了库尔贝（Courbet）和夏尔丹（Chardin）的玩笑。[20]

除了通过德·诺阿耶子爵继续结交知名人士，1930年3月，达利还用子爵支付的预付款购买了一间利加特港的小渔屋。此后，加拉回到丈夫身边待了很短的一段时间，同年晚些时候，加拉搬来与达利一起居住，他们的住所后来成了达利的工作室。这对夫妇在超过42年里陆续购买了更多的小渔屋，建造了一个只属于他们自己的小"王国"。在20世纪60年代早期，紫外线[译者注："紫外线"为法国女艺术家伊莎贝尔·迪弗雷纳（Isabelle Collin Dufresne）的艺名，她参演了安迪·沃霍尔

达利位于利加特港家中的图书馆（上图）和餐厅（下图）。

导演的多部影片]是达利重要的缪斯之一。在她1988年出版的《15分钟的名声：我与安迪·沃霍尔共度的岁月》（*Famous for 15 Minutes: My Years with Andy Warhol*）一书中，她描述了第一次前往利加特港拜访达利的情景：

他的房子让我印象深刻，那是一个多层的纯白色渔屋社区，看起来像一座微型的摩尔城堡，我把它叫作白色迷宫。当我走进狭窄的入口时，门自动打开了。进入房子，一只3米多高的巨大"白熊"正俯视着我，吓得我连忙倒退了几步。它的眼睛闪闪发光，尖牙光洁明亮……餐厅是一个约1.8米×1.2米的小房间，与一小块地毯差不多大。白墙里有一个内置的水泥长凳，长凳

萨尔瓦多·达利和他的毛绒熊，1957年11月。

前面放置了一张约0.45米宽的桌子。达利滑进了一把小椅子里，椅子正好放在对面墙上开凿出来的壁龛中。随后，我们在一间玩偶屋里共进午餐，这间玩偶屋梦幻得好似人们脑海中的幻想一般。[21]

在这样一个地方，超现实主义风格的巨大毛绒白熊迎接着你，猫头鹰在上方警惕地凝视着你。这里还有离奇的珠宝展示空间、梅·维斯唇形沙发（见第95页），一切都让你自然而然地开始想象前方还会出现什么。在这个"王国"外，渔民正在准备出海的渔船，显然，他们并不在意前来见证达利独特私人空间的这群好奇游客。达利的每个房间似乎都诉说着属于自己的故事，那些亮白色的地中海墙壁似乎正在向外诉说着一种双重的生活方式：达利和妻子过着循规蹈矩的日常生活，却又因喜爱社交聚会而出名。两人在此共度了一段静谧的时光，在他们生活的方方面面都能看到现实与绝对超现实的重叠之处。每天早晨，达利醒来后便会钻进田园诗般的画室连续创作几个小时，画室与周围迷人的景色、不可思议的光线和谐地融为一体。两人的卧室里有一面镜子，可以捕捉到黎明破晓时分的第一缕曙光，这是我们了解达利如何真正活在艺术中的另一块拼图。达利曾这样描述利加特港："在那里我学会了过简单且贫穷的生活，节制地打磨着我的思维，这样它们就会变得如斧头般锋利。在那里，血就是血的味道，蜂蜜就是蜂蜜的味道，一切都透彻简单。这是一种没有暗喻和葡萄酒的艰难生活，一种拥有永恒之光的纯粹生活。"[22]

然而，与布努埃尔合作的电影《黄金年代》让达利感受到了深深的失望和背叛。从本质上讲，这部电影是一个超现实主义故事——一对热恋男女试图在爱情中燃烧激情，但被教会、家庭和资产阶级社会一再阻挠。达利认为，布努埃尔专注于攻击神职人员，这缩小了影片原本应传达的主旨范围。达利觉得《黄金年代》应该比前一部电影更"暴力"，而现在原定的意义已经不复存在。在影片首映后不久，右翼分子砸毁了电影院，同时毁坏了许多艺术作品，达利的一幅画作也在其中。

在西班牙，政治气氛越来越火热。任内实行独裁统治的普里莫·

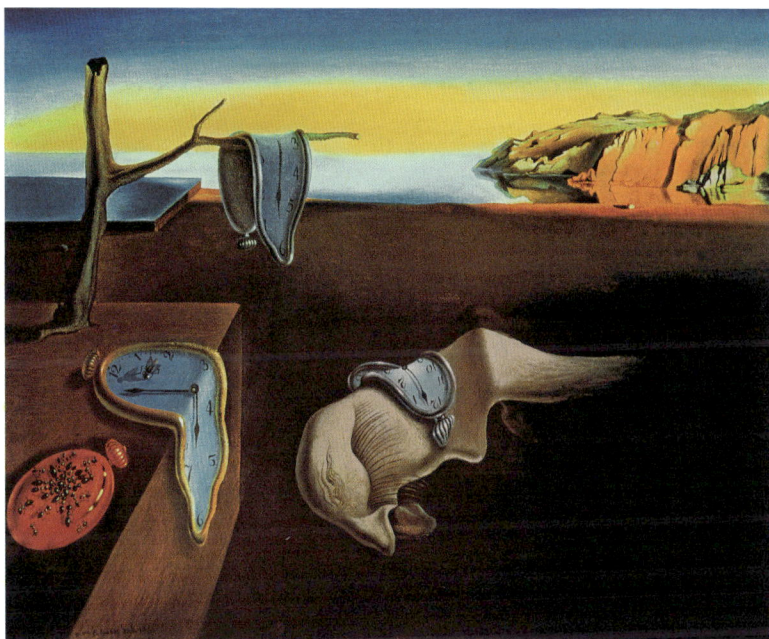

《记忆的永恒》，1931年，布面油画，24厘米×33厘米，纽约现代艺术博物馆。

德·里维拉（Primo de Riviera）将军于1930年流亡巴黎，留下了看守政府。政府曾承诺举行大选，但直到1931年4月2日才得以实现。选举结果表明，大多数民众支持建立一个共和国。因此，支持独裁统治的国王阿方索十三世紧随里维拉的脚步也流亡到了巴黎，但并没有退位。[23] 1931年4月14日，西班牙第二共和国成立，同时宣布实行改革，这致使教会与共和国之间形成了冲突的局面。主教塞古拉（Segura）的一封充满愤怒的牧师信把冲突推向了高潮，1931年5月11日，马德里的一些修道院被点燃。一直关注着这些事件的超现实主义者发表了一篇非常极端的短文，字里行间表达了对纵火行为的宽恕，以及为西班牙寻求一场马克思主义革命的渴望。超现实主义运动的一些重要成员都在短文上签了名，其中包括10名外国同志，很可能也有达利和布努埃尔。[24]

　　这场政治动乱是达利在皮埃尔·科勒画廊举办首次展览的历史背景之一。展览时间是1931年6月3日至15日，展出了16幅画作、《格拉迪沃》（*Gradiva*）铜雕塑以及7幅色粉画。展品包括最著名、最令人印象深刻的作品《记忆的永恒》（见第72页），这也是达利"软表"阶段开始的标志。"时间与永恒"的主题在这幅精彩的画作中被展现得淋漓尽致：成群的蚂蚁暗示了生命的衰败流逝；融化的钟表则让时间静止，代表着永恒。两者都是典型的达利式符号，但以不熟悉的方式在陌生的背景中被描绘了出来。这幅画传达了达利无比坚定的决心："使困惑变得系统化，从而让现实世界变得不可置信。"[25] 画作中那些遥远的金色悬崖是现实世界的场景，源于他钟爱的加泰罗尼亚四周的美丽海景。《记忆的永恒》常被解读为一幅自画像，然而画面中心的巨大物体其实是达利想象出来的，当然，它极有可能确实代表着艺术家本身。物体的一部分被一只正在融化的钟覆盖，它长着昆虫般的长睫毛、畸形的鼻子和眼睛，鼻子里还流出看起来像胖蜗牛或舌头的东西。就像其他达利式超现实主义作品一样，当地风景永远是达利不变的现实背景，而他的想象力却骚动不安，成功地实现了"困惑的系统化"，并从灵魂里释放出绘画元素。美国画商朱利恩·列维（Julien Levy）购买了这幅《记忆的永恒》。

　　该展览的另一个重要主题显然是那已经破裂却依然复杂的父子关系，这隐藏在达利的许多画中。《威廉·退尔的晚年》（*The Old Age of William Tell*）[26] 最强烈地表达了他对父亲的情感，同时也暗示了性的粗俗。在画作中，儿子和情人被父亲驱逐，就像亚当和夏娃。[27] 父亲则继续留在天堂，由他的两个女人照料。[28]

　　其间，加拉被诊断出囊肿，做了一个手术，可能是子宫切除手术。1931年7月21日，加拉与两人共同的朋友、作家兼诗人勒内·克利瓦尔（René Crevel）一同去韦尔内莱班（Vernet-les-Bains）疗养，达利则因为有事在巴黎耽搁了两天，这处迷人的矿泉疗养地位于加泰罗尼亚山下。艾吕雅曾经短暂地拜访过他们。7月30日，达利、加拉和克利瓦尔启程返回达利位于利加特港的家。[29]

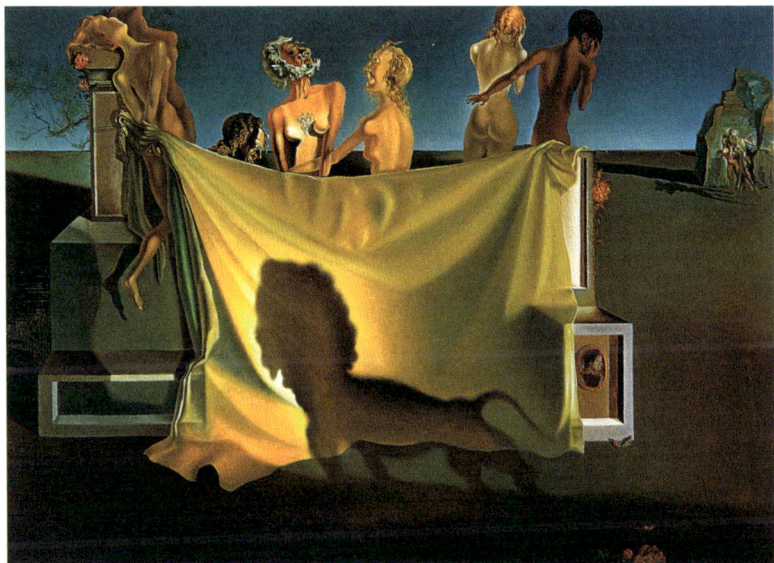

上图：《威廉·退尔的晚年》，1931年，布面油画，98厘米×140厘米，私人所藏。

右图：达利头上放着一只海胆，扮演威廉·退尔的儿子，路易斯·布努埃尔摄于1929年12月。

第88～89页跨页图：达利位于利加特港的家，1960年。

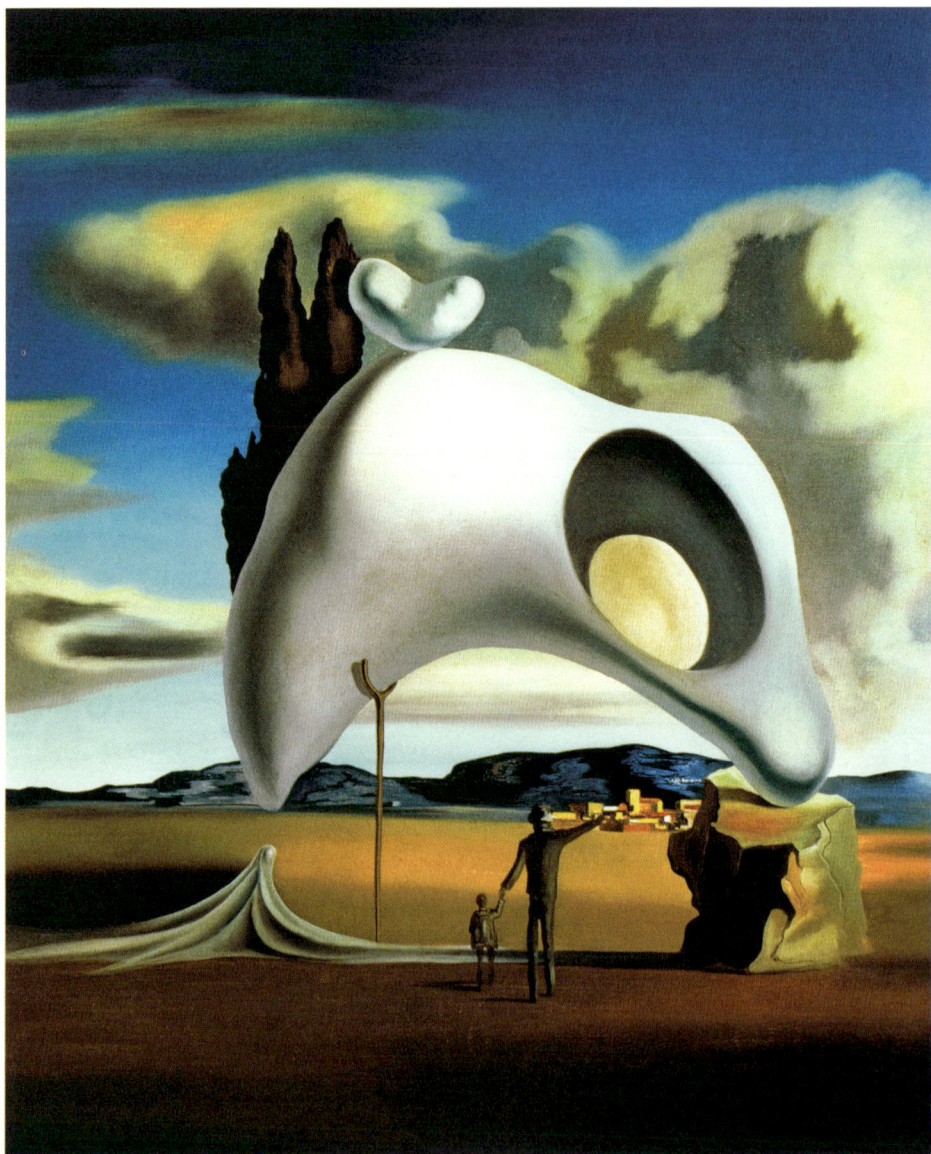

《雨后痕迹》（*Atavistic Vestiges After the Rain*），1934年，布面油画，65厘米×54厘米，佩里斯画廊，纽约。

第七章：吸引力、幻想和经济状况

达利着迷于相对论，因为其中有一个观点：现实不能简化为单相流动。
——加文·帕金森（Gavin Parkinson）[1]

　　回到利加特港温馨的家里后，加拉继续她的康复疗养，达利则再度身处能让他源源不断创作的环境之中。尽管对两人的朋友勒内·克利瓦尔来说，利加特港的居民贫穷、落后且没有文化，但那里美丽的风景还是给他留下了深刻的印象。[2] 这位曾与自己的双性恋取向进行抗争的法国作家发现，生活在当地的人与这个引人注目的地方形成了鲜明对比。当地人不仅要忍受特曼恩塔纳山风，还要克服不景气的经济状况，直到旅游业发展起来，这一处境才得以缓解。令人悲伤的是，克利瓦尔在1935年自杀了。

　　1931年12月，达利出版了一本书《爱情和记忆》（ *L'Amour et la Mémoire* ），这实际上是一首献给加拉的颂诗。为了进一步强调加拉的出现对自己有多么大的影响，达利把加拉与妹妹安娜·玛利亚进行了对比，在加拉进入达利的生活之前，妹妹安娜一直是他的缪斯。[3] 同月，《白日梦》（ *Rêverie* ）也出版了，这是一部引起争议的作品，描述了持续几天、令人震惊的自慰幻想。达利童年的两个重要场所都出现在了这部作品里，一处是埃尔·莫勒·德拉托雷的皮乔特家；另一处是拉芬特·德尔·索克（La Font del Soc），达利和家人曾一起散步的地方。

　　与此同时，从1927年起就住在巴黎的画商朱利恩·列维回到了家乡纽约，准备把超现实主义介绍到美国。1931年，列维靠母亲的遗产

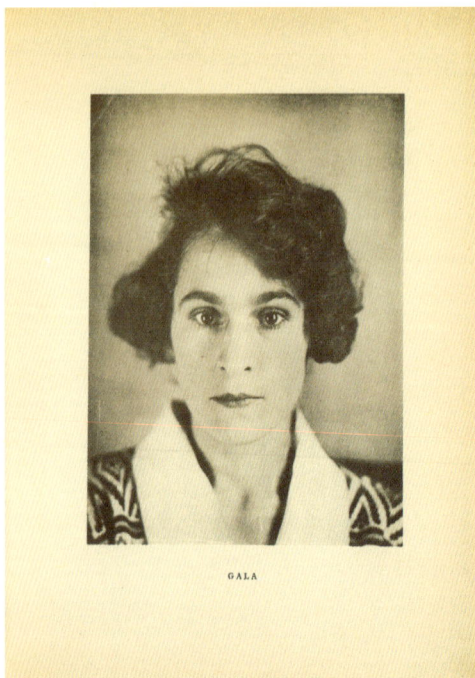

左图：加拉·达利，摄于1930年。

对页图：《液体欲望的诞生》，1932年，布面油画，95厘米×112厘米，佩吉·古根海姆（Peggy Guggenheim）基金会，威尼斯。

GALA

在麦迪逊（Madison）大街602号开设了自己的画廊。画廊的墙壁被专门设计成弧形，参观者一次只能看到一件作品。同年年底，在举办自己的第一个超现实主义展览之前，列维慷慨地把藏品借给了位于康涅狄格州（Connecticut）哈特福德（Hartford）的沃兹沃思艺术博物馆（Wadsworth Atheneum）。1932年1月，列维画廊举办了名为"超现实主义：绘画、素描和照片"的展览，展出了巴勃罗·毕加索、马克斯·恩斯特、约瑟夫·康奈尔（Joseph Cornell）和马塞尔·杜尚（Marcel Duchamp）等多位艺术家的里程碑式作品。当然，列维也向纽约展示了达利的作品《记忆的永恒》，这是他在巴黎以250美元的价格购得的。[4]《艺术新闻》（*Art News*）中的一篇评论写道："朱利恩·列维刚成立、极具吸引力的画廊因超现实主义的油画、素描、印刷品还有诸

如此类的作品而弥漫着令人喜悦的疯狂。列维先生一直不遗余力地向我们解释，这些超现实主义者在做些什么。同时，他也对全面发展的超现实主义阵营表示祝贺。"[5] 列维后来在自传中如此描写他与达利的第一次会面："他让我不安。他从未停止过这样的生活方式，不是因为他模棱两可，而是因为他专心致志和坦白直率。"[6]

1932年，达利比以前更忙碌了，他与父亲之间的裂痕更让他心烦意乱，而加拉坚定不移的陪伴成了他可以停靠的港湾。同年，加拉与保尔·艾吕雅离婚。著名的达利研究学者道恩·阿德斯（Dawn Ades）说，不管达利和加拉之间的关系有多么不寻常，甚至加拉80岁时身边还有年轻的情人，加拉都"把达利的人生安排得井井有条。她是达利的缪斯、情人、助手"。[7]

在这一时期，达利创作的大多数作品尺寸都很小。创作时，为了达到最佳效果，达利会巧妙地运用人造光线，并为一只眼睛戴上珠宝商专用的放大镜。他只使用最优质的貂毛笔刷在画布上作画，以便在不破坏笔刷痕迹的情况下获得卓越的细节。破裂的父子关系与达利的幻想交织在一起，成为他作品中反复出现的主题。《液体欲望的诞生》（*The Birth of Liquid Desires*，1932年）是达利从1931年开始创作的一幅作品，与他在《白日梦》中关于幻想和手淫的文章有关。这幅作品以威廉·退尔为主题，暗示了父权，画面中心是一个雌雄同体的、荒谬的梦中形象，它融合了父亲、儿子，甚至还有母亲的特点。画面背景中无限广阔的风景让人联想起唐吉在20世纪20年代的作品。在这幅作品中，达利还画上了与《伟大的自慰者》形状相同的岩石。威廉·退尔的苹果（译者注：威廉·退尔是14世纪瑞士民间传说中反抗奥地利暴政的民族英雄，他曾被迫向放在自己儿子头上的苹果射箭）被一块面包取代，面包是达利珍视的象征性绘画符号之一。[8]

1932年5月11日至6月17日，达利重返巴黎，在皮埃尔·科勒画廊举办了第二次展览。此次展览共展出了27件作品，其中有一些为超现实主义风格。[9] 在绘画的世界中，达利游刃有余地切换于二维和三维的表现形式之间。其中一个早期的例子，以《烟花》（*Fireworks*）的名字为大多数人所熟知，但这个作品最初的名字是《精神错乱协会理事会》（*Board of Demented Associations*），创作于1930年至1931年之间。超现实主义者认为马塞尔·杜尚是这一艺术流派的前辈。达利在20世纪30年代与杜尚结识，这对奇怪的朋友间的友谊延续了30年之久。事实上，从20世纪50年代中期开始，杜尚每年夏天都会在利加特港附近租住一段时间，直到1968年去世。[10] 杜尚被誉为概念艺术之父，他于1913年创作了自己的第一件现成品艺术作品《现成的自行车轮》（*Objet Tout Fait*）。

20世纪30年代，达利创作了许多超现实主义风格的现成品艺术，其中尤为著名的是《龙虾电话》（*Lobster Telephone*，见第109页）和《梅·维斯唇形沙发》，两者都是这一艺术流派的经典之作。这些作品的创意

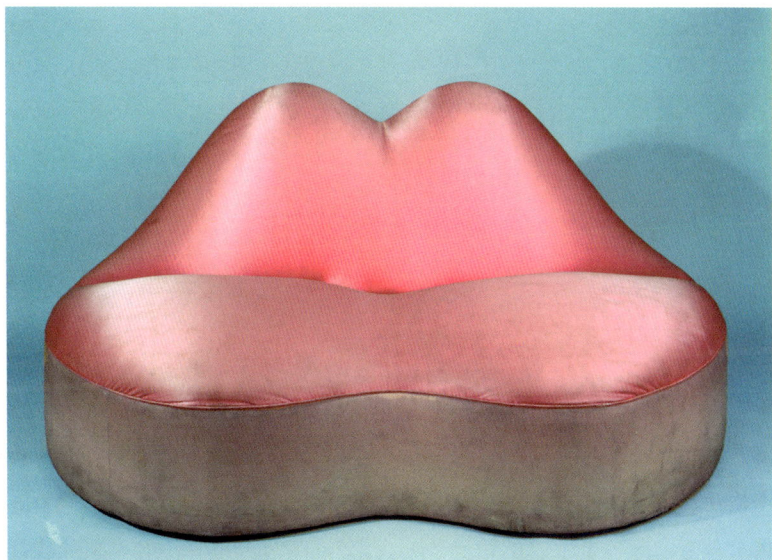

《梅·维斯唇形沙发》，1936～1937年，粉色毛毡木质软包椅，92厘米×213厘米×80厘米，伦敦格林雅培（Green & Abbott）公司为爱德华·詹姆斯（Edward James）制作，私人收藏。

出自一个信仰，即达利相信这些物体有潜力解开无意识的秘密欲望。他将看似不相关的物体通过一种有趣的方式并置在一起，进而引发观者深刻的心理冲突和反应。超现实主义者的身份也引领达利进入现代物理学的世界：从他20世纪30年代后的画作里，我们可以清楚地看到这种影响。"达利着迷于相对论，因为其中有一个观点：现实不能简化为单相流动。"[11]对达利和其他超现实主义者来说，爱因斯坦的相对论和普朗克（Planck）的量子论都是一种激励和启发。

1932年夏天，勒内·克利瓦尔把加拉和达利引见给了富有创意的社交名媛克瑞丝·克罗斯比（Caresse Crosby，现代女士内衣发明人），克瑞丝是一位出版商和艺术投资人，交际广泛。她和第二任丈夫哈里·克罗斯比（Harry Crosby）在巴黎过着疯狂的波希米亚式生活，这种疯狂包括一场开放式婚姻和一段婚外情。1929年12月，哈里与情人双双自杀。与克瑞丝结识后不久，加拉和达利便进入了这个社交名流、作家、艺术家和超现实主义者的圈子，他们在克瑞丝位于巴黎以北约56千米的太阳磨坊（Le Moulin du Soleil）里共度了许多快乐时光。太阳磨坊坐落在阿蒙农维拉庄园（Château d'Ermenonville）中，庄园位于森林中心，周围环绕着一条护城河，庄园的秀丽倒影在劳内特（Launette）河的流水中闪闪发光。太阳磨坊包括一间大草棚、一间位于马厩中的餐厅，以及一口著名的、具备留言板功能的楼梯井。客人在楼梯井弧形的墙面上留下水彩画，作为他们曾经来过这儿的印记。达利把自己的名字和一个曾获得普利策奖的美国作家的名字交织着写在一起，戴维·赫伯特·劳伦斯（D.H.Lawrence）画了一只凤凰。[12] 在自传中，达利写道："每个周末我们都会去太阳磨坊，我们在马厩里吃东西，马厩里装满了老虎皮毛和鹦鹉标本。"[13] 磨坊的常客还有马克斯·恩斯特、安德烈·布勒东、朱利恩·列维，以及许多爱尔兰、英国和美国作家。[14] 克瑞丝成为达利夫妇的密友和达利画作的买家，这种关系一直延续了下去，并穿越了大西洋。1940年，达利夫妇曾在克瑞丝位于弗吉尼亚州的汉普顿庄园（Hampton Manor）借住过一段时间。

　　尽管达利非常忙碌，声誉也在不断提高，但他的财务状况始终非常严峻，尤其是当他不再与画商科勒续约后。达利夫妇将大部分积蓄都投

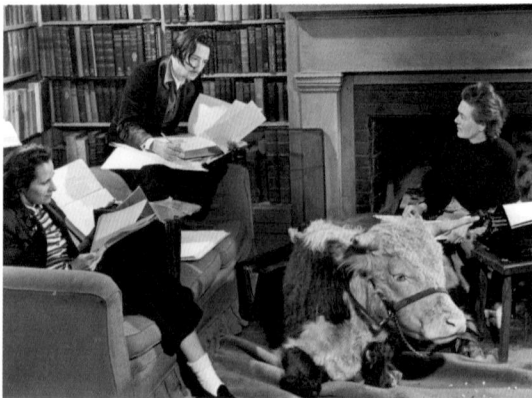

左图：达利夫妇、克瑞丝·克罗斯比和公牛，汉普顿庄园，弗吉尼亚州，1940年。

对页上图：达利在巴黎，卡尔·范·韦克滕（Carl Van Vechten）拍摄，1934年。

对页下图：加拉在戈盖街7号的简陋画室里，1932年。

资到了利加特港的房子上。1932年7月初，他们不得不从一直居住的贝克勒尔街（Becquerel）7号搬到一间更为简陋的画室里，这间画室位于一个作家与画家的聚居地，名叫瑟拉别墅（Villa Seurat）。他们在贝克勒尔街的住处最初是由艾吕雅为加拉租赁的，达利显然对这个地方很不满意："我们从西班牙一回到巴黎，就从贝克勒尔街7号搬到了戈盖街（Gauguet）7号，那是一座现代化的建筑，我认为这种建筑是对居住者的惩罚，是属于穷人的建筑，而我们当时就很穷。"[15] 每当达利夫妇的财务状况不佳，他们便会选择离开巴黎这座被称为"像女巫的大锅一样冒泡"[16]的城市，返回利加特港。"这是我创作的低潮，我出售的画作越来越多地受到共济会的反对。当我收到德·诺阿耶子爵的一封信后，我预见到自己即将陷入最严重的困境，因此我必须下定决心以另一种方式赚钱。"[17] 1932年末，达利与德·诺阿耶子爵就"黄道十二宫"团体的成立进行讨论，该团体的主要目的是为达利提供经济上的资助，使他能有一份正常的收入，团体中的每位成员每年都可以选择一定数量的达利作品作为收藏。1933年1月底，加拉说服另外一位富有的艺术投资人让-路易斯·德·福西尼-卢西奇王子（Jean-Louis de Faucigny-Lucinge）加入这个团体。至此，"黄道十二宫"团体成员增加至11位，其中包括德·诺阿耶子爵和克瑞丝·克罗斯比。

1932年，达利出版了《巴巴奥》（*Babaouo*），书中表述了他独特的电影概念。同年，他还写了同名的电影剧本和芭蕾舞剧本。同名电影于1997年上映，可是以克雷乌斯角的人物和风景为特色的同名芭蕾舞剧却始终没能制作完成。"巴巴奥"一词是指由一个傻瓜引起的一连串事件。不同于其他超现实主义电影，《巴巴奥》有故事情节，有开头有结尾；但相同的是，《巴巴奥》中充满了不合理、奇怪的事件，以及偏离故事情节的其他支线。达利在剧本中暗示，故事"发生在1934年，在欧洲任何一个国家的内战期间"。[18] 而西班牙内战始于1936年。

1933年，达利为伊齐多尔·迪卡斯（Isidore Ducasse，法国著名诗人，后以"洛特雷阿蒙"的名字为世人熟知）的新版《马尔多罗之歌》（*Les Chants de Maldoror*）设计并绘制了版画，这些版画被认为是达利最好的作品之一。1933年6月7日至18日，皮埃尔·科勒画廊举办了一场超现实主义群展，共有22位艺术家参展，包括达利、贾科梅蒂（Giacometti）和毕加索。这是一次综合性的展览，展示了各种不同形式的超现实主义作品，甚至包括诗歌。展览结束后，画廊顺势于6月19日至29日举办了达利个展。同年晚些时候，达利兴奋地发现，他崇拜的人之一安东尼奥·高迪（Antoni Gaudí）曾在孩提时代造访过克雷乌斯角，这一发现让达利觉得高迪的建筑和自己的艺术一样，同样受到了岬角地质奇观的启发。于是，达利打算以此为主题写一篇文章，9月13日，他的朋友约瑟夫·维肯·福瓦斯（J.V.Foix）在《大众》（*La Publicat*）上宣称：达利在巴黎认识的曼·雷，将为这篇文章拍摄有关巴塞罗那新艺术风格建筑和克雷乌斯角风景的照片。

在纽约，这个即将成为达利第二故乡的地方，朱利恩·列维画廊于1933年11月21日至12月8日举办了达利的首次美国个展。公众的反应和评论都是积极的，列维表示所有展品销售一空。[19] 评论家刘易斯·芒福德（Lewis Mumford）在《芒福德论20世纪30年代现代艺术》（*Mumford on Modern Art in the 1930s*，本书关注了弗拉芒画派大师们对现代艺术的影响）一书中记录了这次展览，并这样解读达利的作品："他的绘画准确地表现出了某种梦境中难以言说的污秽，这是人们无法在早餐桌上谈论也无法回忆的……达利不允许这种梦境消亡，他的画作成了被冷藏的噩梦。如果一个人做不到会心一笑，或者从不怀疑画作背后的疯子正对着我们笑，那他绝对无法忍受这些画。"[20] 达利对展览的效果感到异常兴奋，并且认为造访纽约必定会为他带来更多的成功。

1933年，达利已经非常忙碌了，但第二年他将会更加焦头烂额。1934年发生了很多重要事件，1月达利和加拉举行民事婚礼，同年他还举办了6次个展，包括2次纽约个展、2次巴黎个展、1次伦敦个展，以及10月的巴塞罗那个展。达利给住在巴塞罗那的叔叔拉斐尔写了一封信，请求叔叔帮忙调节他与父亲之间的关系。于是，拉斐尔写信给达利的父亲，告诉他达利已经后悔了，并附上了达利的原信作为证明。[21] 然而，不久之后，加泰罗尼亚的一场政治起义迫使达利夫妇逃回法国。他们安全抵达巴黎后，司机在返回巴塞罗那的途中不幸被流弹击中去世，这次经历深深地震动了达利。

达利一贯的财务状况，加之去美国参加1934年底个展需要的一大笔支出，让他深刻地意识到"在我处于声誉和影响力顶峰时，我的财政状况却处于最低谷"。[22] 一天，当达利四处奔波寻求资助无果，正感到非常沮丧时，他在埃德加-加奎因（Edgar-Quinet）街头遇到了一位失去腿的盲人。盲人坐在手推车里神气活现，当盲人需要路人的帮助时，他便会拿出一根小手杖漫不经心地在人行道上轻敲。达利声称自己踢了那个盲人的手推车一脚，手推车因此滑过了林阴大道。然而，盲人"带着愤怒的尊严，仍然挺直腰板"。[23] 这件事让达利意识到："我将如何穿越大西洋（去往美国）。我拿着象征盲人精神的手杖在巴黎奔波了三天，手杖在我手中变成了愤怒的魔杖。"[24] 最终，达利筹齐了资金，手杖成了他形象中不可或缺的一部分。

1934年11月，达利夫妇登上了勒阿弗尔的尚普兰号轮船前往美国。即便达利已经成功解决了这次美国之行的资金问题，他还面临着一个巨大的挑战——克服自己的旅行恐惧，在船上他一直穿着救生衣。"我走到尚普兰号的甲板上，突然看到了纽约。它出现在我的面前，铜绿色、粉红色、乳白色，看起来就像一块巨大的哥特式羊乳干酪。我爱羊乳干酪，我大声叫道：'纽约在向我致敬！'"[25] 11月14日，在达利夫妇准备下船前，克瑞丝·克罗斯比要求船上的面包师为达利制作一条两米长的面包，这样，达利走下跳板时才能制造出戏剧效果。[26] 达利还准备了写着"纽约在向我致敬"的大幅宣传页，分发给船上的人们和在纽约等待他的媒体。

美国是达利表现自我的最佳去处，尤其是在经济大萧条时期。当时的美国富人正专注于寻找新奇的消费方式来保持积极向上的精神状态。在纽约的第一次逗留期间，达利在纽约现代艺术博物馆做了一次成功的

加拉和萨尔瓦多·达利到达纽约，1934年11月14日。

演讲，正如他期待的那样，不久以后，无论他去哪里都会被跟拍。1935年1月中旬，在达利夫妇离开美国前往欧洲之前，克瑞丝·克罗斯比以达利的名义举行了一次化装舞会，这本身就已经足够让人目瞪口呆了，再加上夺人眼球的客人名单，这场舞会立刻抢占了各大媒体的封面头条，也因此诞生了达利那张惊世骇俗的照片：达利头上包扎着医用纱布，戴着突出的胸罩，在一头巨大的牛的尸体下跳舞。最终，如达利夫妇所愿，他们充满戏剧性地离开了美国。

《天鹅映象》（*Swans Reflecting Elephants*），局部，1937年，布面油画，77厘米×51厘米，私人收藏。

第八章：我是超现实主义

> 我不是超现实主义者，我就是超现实主义本身。
>
> 超现实主义不是一个艺术流派，也不是一个标签，它是一种思想状态。
>
> 虽然个人喜好不同，但绝对是独一无二的，不受流派路线、禁忌或道德的影响。
>
> 它是完全自由的存在，拥有绝对梦想的权利。
>
> ——萨尔瓦多·达利[1]

1935年3月，达利拜访了他的父亲，试图缓和父子关系。这是一次激烈的谈话，达利泪流满面，总算勉强与父亲达成共识。[2]

7月，达利发表了一篇长达19页的文章《非理性的征服》（*The Conquest of the Irrational*），并在文中解释了自己的偏执狂批判法。"重要的是一个人希望交流的内容：具体的非理性主题"，也就是说他确实使用了"非理性知识的自我说服方法"。偏执狂批判法的关键是大脑把现实中无关事物联系起来的一种能力。[3]格式塔疗法的基本原则指出，人类的大脑倾向于把单个相似的元素归为一个整体。此外，面部幻象性视错觉还能让人通过模糊或偶然的信息发现无生命物体的"面部"。事实上，在大脑对刺激做出反应并寻找熟悉的范例时，人类探寻意义的先天能力和面部探测技能相结合，就会出现幻象性视错觉，这是一个神经网络良好的大脑会做出的反应。达利从小就进行了相关的训练。

同年，达利创作了《一个偏执批判小镇的郊外：欧洲史边缘的午后》（*Suburbs of a Paranoiac-Critical Town: Afternoon on the Outskirts of European History*）[4]，他在帕拉莫斯（Palamós）时就开始创作这幅画了。画里有帕拉莫斯的一些建筑元素，画面右侧还出现了卡达克斯的卡尔德尔考街。吉布森·伊安（Ian Gibson）在《萨尔瓦多·达利的可耻生活》一书中指出，虽然达利家族一直努力隐瞒着达利祖父自杀的秘密，但达利很可能还是知道了真相。达利的祖父加尔在逃往巴塞罗那之前，

《一个偏执批判小镇的郊外：欧洲史边缘的午后》，1936年，木板油画，46厘米×66厘米，博曼斯（Boymans van Beuningen）博物馆，鹿特丹。

就住在卡尔德尔考街321号。这幅画不仅很清楚地展示了达利的偏执狂批判法与卡达克斯之间千丝万缕的内在联系，也暗示了祖父的偏执、严重的经济问题和受迫害妄想症，即便他离开了卡达克斯也没能扭转自杀的结局。这幅画的前景里有一个保险箱和一把金钥匙，吉布森对此做了假设："这难道不是在暗示，加尔才是那把或者其中一把解开达利性格之谜的钥匙吗？"[5]

当然，达利本人的一些文章也似乎证实了自己的偏执和抑郁倾向。在《我的秘密生活》一书中，达利描述了他和加拉是如何在6年中疯狂创作以至于筋疲力尽的。从时间上判断，他描述的是1936年末，但有时他的自传也可能是不可靠的。"我突然觉得自己坠入沮丧的深渊，一种我无法定义的抑郁。我想尽快回西班牙！"[6]和加拉独处时，"最终，我对加拉说，我又有力量去做'重要'的事了。"12月某个阳光明媚的下午，他们回到了利加特港。"我从来没有如此清晰地感受到利加特港的风景竟然这么美！……过去几年间，我们在巴黎、伦敦和纽约奢侈而辉

玛斯郡（Mas Juny），帕拉莫斯，爱德华·詹姆斯的家。

煌的生活，现在都停留在我的记忆里，变得遥远且不现实。"[7]对达利而言，利加特港毫无疑问是这个地球上少有的一块极乐天堂。

然而，达利感觉自己被一种麻痹的恐惧紧紧抓住。他已经获得了成功，但前面还有很多事要做。也许因为到达彼岸的路还很遥远，也许因为离开利加特港的时间太长，犹如婴儿离开了母亲的子宫，达利的精神越发衰弱。"白天，我会惊慌不安地跑出门，和渔民坐在一起，他们通常会在阳光明媚的避风处闲聊。特曼恩塔纳山的山风没有一天缓和过，一直肆意地吹。渔民会谈论自己每天遇到的麻烦和困难，这让我暂时从自我困扰中得到一些解脱。"[8]一天，当达利从午睡中醒来，突然有了这样的感悟："我就像一只蚕，把自己裹在想象织就的丝茧里。为了让精神里那只偏执的蝴蝶出现，我必须把茧刺穿、撕破。"[9]他深深的焦虑已经演变成对死亡的病态恐惧，这与迫使达利祖父逃往巴塞罗那的恐惧是否有着相似之处？然而，幸运的是，加拉触发了达利的又一次蜕变。"加拉对我说：'你还什么都没有完成！现在不是你要死的时候！'她说的没错，我的超现实主义光芒完全没有意义，我必须把超现实主义和传统相融合。我的想象力必须重新回归经典才行……于是，我没有因为短暂的成功而停滞不前，而是开始为一件'重要'的事情奋斗。"[10]

1935年7月，在卡达克斯以南80多千米的帕拉莫斯，达利夫妇结识了爱德华·詹姆斯，一位极度富有的英国诗人，也是一位超现实主义作品的支持者。[11] 根据詹姆斯的自述，他可能是爱德华七世的儿子。[12] 此后，詹姆斯成为达利的好友兼资助人，事实上，达利、加拉和詹姆斯之间建立起了某种特殊的联系，他们许诺保持通信，并且约定了很快再次见面。詹姆斯常年穿梭于各地，回到加泰罗尼亚后不久，他见到了洛尔迦，这也是洛尔迦和达利的最后一次会面。[13] 詹姆斯邀请洛尔迦和达利于那年秋天前往意大利，但是由于洛尔迦的工作安排以及他父亲的健康状况，他最终艰难地决定放弃此行。

达利夫妇和爱德华·詹姆斯一起去了意大利旅行。詹姆斯租下了位于拉韦洛（Ravello）的西布隆别墅（Villa Cimbrone），这也是瓦格纳（Wagner）创作歌剧《帕西法尔》（Parsifal）的灵感之地。10月初，三人乘坐火车离开巴塞罗那前往都灵，在那里换乘汽车继续旅行，途经摩德纳和罗马，抵达西布隆别墅。达利在自传中写道："我去意大利的旅行经常被解读为一个象征，象征着我所谓闪亮和轻浮的精神。只有少数几个密切关注我作品的朋友才能注意到，恰恰是在这次意大利之旅中，我灵魂中最艰难、最果断的战斗发生了。"[14] 爱德华·詹姆斯在意大利之行后对伊迪丝·西特威尔（Edith Sitwell）说的话，也印证了达利在自传中的这段陈述。据詹姆斯观察，达利似乎摆脱了那些烦人和不幸的困扰，这些困扰其实一直在破坏他的创作力。詹姆斯现在认为达利是"最正常、最快乐的人，依旧充满想象力，不再过度紧张"。[15] 詹姆斯确定他在达利身上看到了这些变化，这让他彻底地认可达利是一个天才，并在1936年成为达利的资助人和密友。1936年3月，当达利想购买另一栋渔屋来扩建利加特港的家时，詹姆斯预付了5000法郎给他，并鼓动伯纳斯勋

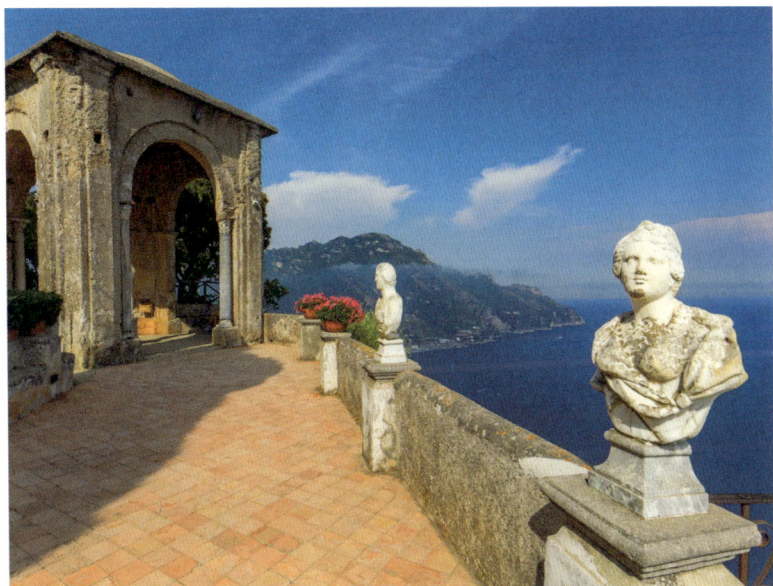

西布隆别墅拥有无限视野的观景台，拉韦洛。

爵（Lord Berners）为达利支付剩下的5000法郎。

西布隆别墅坐落于阿玛尔菲（Amalfi）海岸裸露的岩石上，四周环绕着茂盛的自然植物，这里可能是阿玛尔菲海岸最壮丽的景色，地中海的美景一览无遗。这座令人印象深刻的建筑至少可以追溯到11世纪。20世纪初，英国贵族格里姆索普（Grimthorpe）创作了大量以别墅及其花园为题材的作品。西布隆别墅的观景台拥有无限视野，周围装饰着成排的大理石半身雕像。戈尔·维达尔（Gore Vidal）称，在这里能看到世界上最优美的景色。被精心打理的美丽花园呈现出优雅和浪漫的意式风情，达利在寄给朋友福瓦斯的明信片里清楚地表明了他对意大利怀有满腔热情。"意大利的超现实主义者甚至比教皇还要多。"[16]尽管达利在过去研究古典大师时已经和意大利有了千丝万缕的联系，但这次旅程通常被视作他与意大利建立长期联系的开始。

1936年夏天，在伦敦举行的超现实主义国际展。后排：戴安娜·布林顿·李（Diana Brinton Lee）、萨尔瓦多·达利（穿着潜水服）、鲁伯特·李（Rupert Lee）；前排：保尔·艾吕雅、姆什·艾吕雅（Musch Éluard）、E.L.T.梅森斯（E.L.T.Mesens）。

　　1936年5月22日至29日，达利在巴黎查尔斯·拉顿（Charles Ratton）画廊参加了超现实主义实物博览会。同年夏天，他参与了伦敦新伯灵顿（New Burlington）画廊举办的超现实主义国际展。展览期间，他举办了一场典型的达利式讲座，并试图将其变成一场最引人注目的、最具冒险精神的秀。达利身穿深海潜水服做讲座，这套潜水服是与他同样古怪的朋友和资助人伯纳斯勋爵准备的。据报道，当潜水装备供应商询问伯纳斯勋爵达利想要潜到多深的地方时，伯纳斯勋爵回答："他将潜入人类潜意识的最深处——他希望鼓励英国公众和他一起参与这次探险。"[17]然而，无可救药的表现欲几乎要了达利的命，因为他差点在现场窒息。好在观众非常喜欢他的秀，并且坚信"差点窒息"也是表演的

《龙虾电话》，1936年，钢、石膏、橡胶、树脂和纸，17.8厘米×33厘米×17.8厘米，泰特现代美术馆（Tate Modern），伦敦。

一部分。展览于1936年6月11日开幕，不仅因为人流的缘故造成皮卡迪利大街（Piccadilly）封路，还"阻止了英国艺术沿着原有的轨道发展，迫使人们重新评估艺术到底是什么，展览又可以做些什么"。[18] 在伦敦，达利参观了英国国家美术馆（The National Gallery），他被安德烈亚·曼特尼亚（Andrea Mantegna）的作品《花园里的痛苦》（*Agony in the Garden*）迷住了。在达利后来的一些作品中，我们可以看到这幅画带给他的影响，例如在《天鹅映象》中，达利就将不寻常的岩石和城市景观组合在了一起。

在达利给其资助人和朋友爱德华·詹姆斯的作品中，最著名的无疑是他在1936年创作的《龙虾电话》。在这件作品中，他将电话和龙虾这两个象征性的物体结合在一起，对达利来说，每一个物体都具有其潜在的性含义。有时，达利会用龙虾挡住女性模特的生殖器官；有时，他会选择用龙虾作为危险和阉割的完美象征，这与弗洛伊德的"阉割理论"密不可分。龙虾与人类在解剖学上的差异是：龙虾的体表有外骨骼，这正是达利将其当作超现实主义象征的原因。在达利的艺术生涯中，他经常会对性和食物进行细致的类比。达利的住所兼工作室位于利加特港，距卡达克斯渔村仅几步之遥。著名的加泰罗尼亚作家兼记者约瑟夫·普拉（Josep Pla）曾如此评价卡达克斯："在卡达克斯有4道美味佳肴：冬天的海胆、春天的石贻贝、夏天的普通龙虾和欧洲龙虾。"达利则巧妙地将龙虾的尾巴直接放在了话筒上。他在自传中写道："我不明白，为什么当我在饭店里点一只烤龙虾时，从来没有人给我端来一个煮熟的电话？我不明白为什么香槟总是要被冷藏；为什么电话总是温暖得可怕，摸上去黏黏糊糊的，也从来不放进装满碎冰的银桶里。"[19]

在这个不那么超现实的真实世界里，在达利发表著名的潜水服演讲后没几天，1936年7月17日，西班牙内战爆发。战争爆发的前几个月，达利创作了《煮熟的豆子和软体结构：内战的预兆》，可见他对内战早有预感。一个多月后的8月19日，达利曾经的密友和合作伙伴洛尔迦在格拉纳达（Granada）被法西斯行刑队杀害。达利一家那时已经逃到巴黎。

在同一时期，达利对真实的纽约乃至美国有了清晰的认识。他知道自己想要什么以及怎样得到它们。只有极少数人能像达利一样明白该用什么方式、在什么时候给媒体提供什么信息。美国商机遍地，与他心爱的加泰罗尼亚形成极其鲜明的对比。"纽约，你的大教堂正坐在巨大银行的阴影下，为弗吉尼亚出生的五胞胎黑人编织长筒袜和手套，为燕子编织长筒袜和手套，满嘴、满身都是可口可乐……"[20]这就像达利早期与美国媒体的关系，合作让双方都硕果累累。随着达利的作品日益多样化和高产，媒体开始把他视为超现实主义的领袖、潜意识的先知、梦想和想象世界的统治者、偏执狂批判法的缔造者、一个想人之所不敢想的人。他与自己的时代息息相关，但同时也影响着当代人的品位。

《煮熟的豆子和软体结构：内战的预兆》[Soft Construction with Boiled Beans (Premonition of Civil War)]，1936年，布面油画，100厘米×99.9厘米，费城艺术博物馆（Philadelphia Museum of Art），美国宾夕法尼亚州。

　　1936年12月，达利前往纽约过冬，他参加了纽约现代艺术博物馆的"达达超现实主义的奇幻艺术"群展，并在朱利恩·列维画廊举办了个展。"我相信，达利式的神话在我回到纽约之时就已经明朗化了，这很大程度上归功于那场穿着潜水服的讲座，以及我与众不同的画展。"[21] 12月14日，达利的照片出现在《时代》杂志封面上，摄影者是

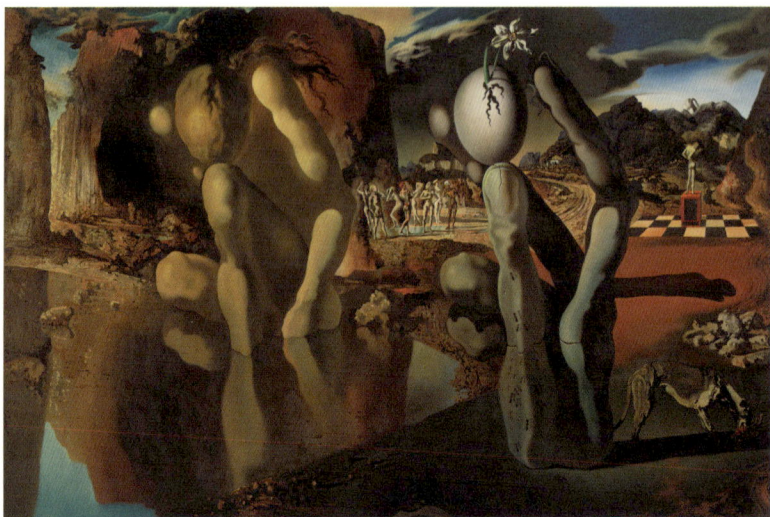

《纳喀索斯的变形》，1937年，布面油画，51.1厘米×78.1厘米，泰特现代美术馆，伦敦。

曼·雷。"我很快就感受到这本杂志的影响力——我过马路时一定会被人认出来，而且我的胳膊很快就变得酸痛，因为我得在塞到我鼻子下的每一张奇怪的纸上签名。"[22]

那年圣诞节，达利送给美国喜剧演员哈波·马克思（Harpo Marx）一把琴弦上带刺的竖琴。这位喜剧演员显然很喜欢这份礼物，他给达利寄了一张自己的照片，照片上可以清楚看到他包扎着的手指。1937年初，达利访问好莱坞，并与哈波·马克思共同创作了一部电影的剧情梗概，但这部作品并未正式开机。达利给安德烈·布勒东写了一张明信片："我在好莱坞结识了3位美国超现实主义者：哈波·马克思、迪士尼和塞西尔·B.戴米尔（Cecil B. DeMille）。"[23]

达利还与著名服装设计师艾尔莎·夏帕瑞丽（Elsa Schiaparelli）合作，将他典型的达利式创意注入帽子、手提包和连衣裙中，开发了电话形状的手提包，甚至龙虾形状的裙子。

《希特勒之谜》，1939年，布面油画，95厘米×141厘米，索菲亚王后国家艺术中心博物馆，马德里。

　　1937年晚些时候，达利再次回到巴黎，完成了画作《纳喀索斯的变形》（*Metamorphosis of Narcissus*）。他的密友、秘书兼传记作家罗伯特·德夏恩斯（Robert Descharnes）指出，这幅画对达利意义重大。罗伯特认为这是第一件对非理性题材进行连贯性诠释的超现实主义作品。[24] 达利的同名诗作由超现实主义出版社出版，朱利恩·列维则负责发行它的英语版。1938年，达利去伦敦与西格蒙德·弗洛伊德会面时展示的正是这幅画，弗洛伊德告诉他："我在画中看到的不是'无意识'，而是你的'有意识'。"[25]

　　1938年初，达利参加了由安德烈·布勒东和保尔·艾吕雅在巴黎美术画廊（Galerie Beaux-Arts）组织举办的超现实主义国际博览会。他精心制作的超现实主义装置《雨中的出租车》（*Rainy Taxi*）在美术馆入口处展出。在这件作品中，出租车顶被刺穿，雨水渗入汽车，车内有一个穿着印有米勒作品《晚钟》（*The Angelus*）图案服装的人体模型，上面爬着200只活蜗牛。当时，达利与超现实主义者及运动领袖安德烈·布勒东在观点上有一些分歧，两人的关系不太稳定。1934年，达利几乎被逐出了超现实主义梯队，许多超现实主义者对达利1938年的画作《希特勒之谜》（ *The Enigma of Hitler* ）表示抵触，尽管达利后来在《天才日记》（ *Diary of a Genius* ，1964年）中解释道："我不可能成为纳粹，因为如果希特勒征服了欧洲，他就会抓住机会除掉像我这样歇斯底里的人。"超现实主义者要求达利签署一份文件，证明他不是无产阶级的敌人，达利毫不犹豫地签署了。达利热爱巴黎的繁华，当他外出参加光彩夺目的聚会而不是每晚在蒙马特的咖啡馆里打发时间时，他更感受到巴黎是一座时尚与艺术密不可分的城市。[26]

1939年4月1日西班牙内战结束后，达利和超现实主义者之间的矛盾进一步升级。他拒绝了布努埃尔的借款请求，并希望能回到自己的祖国。布努埃尔和布勒东对达利的行为感到十分厌恶，在布努埃尔6月的文章《超现实主义绘画的最新趋势》（ *The Latest Tendencies in Surrealist Painting* ）中可以明显看出达利被驱逐出了超现实主义者的队伍。[27] 不久后，从达利的作品中，我们也能依稀看到他向古典主义的转变。

1938年9月下旬，达利休息了一段时间，那段时间，他一直在拉帕萨别墅（La Pausa）里作画。别墅的名字源自一个传说——玛利亚在基督受难后从耶路撒冷逃离，曾在那里的橄榄树下休息。拉帕萨别墅坐落在法国蔚蓝海岸里维埃拉地区（Riviera）托拉卡街区（La Toracca）的悬崖上，由可可·香奈儿（Coco Chanel）拥有和设计，香奈儿赋予了别墅极具个人特色的优雅风格。这个令人叹为观止、与世隔绝的避风港无疑是激发创造力的完美之地，它俯瞰摩纳哥海湾、圣-让-卡普-费拉（Saint-Jean-Cap-Ferra）小镇和迪尔海角（Cap d'Ail）。别墅的设计灵感来自香奈儿童年时在一座法国12世纪修道院孤儿院度过的时光。简朴的石阶从主入口蜿蜒向上，窗户和门上都有拱形装饰，庭院被包围在柱式的回廊之中。浴室设有独立的服务人员入口，让客人能够安心享受属于他们的私人沐浴时光。别墅的花园简洁美丽，种有350棵橄榄树，其达利和可可·香奈儿，1938年。

中不乏一些百年古树，花园中还点缀着薰衣草和迷迭香。在拉帕萨别墅里，达利创作了许多绘画作品，包括《无尽之谜》（ *Endless Enigma* ）。在这幅作品中，达利向观众展示了6个层次的感知，随着观众角度和思想的不同，画面会出现新的场景，但每一个场景都似乎暗示着即将发生的质变。《无尽之谜》不仅预示着第二次世界大战一触即发，也为达利的再度蜕变埋下了伏笔。[28]

同年，达利前往意大利，借住在伯纳斯勋爵位于罗马的美丽房子里，那间房子靠近古罗马集会广场。在那里，他创作了《非洲印象》（ *Impressions of Africa* ），画作灵感源自一次西西里岛的短暂旅行，"西西里岛让我联想到了加泰罗尼亚和非洲"。[29]达利从未真正去过非洲，但他觉得自己非常了解非洲。

1939年，达利回到纽约，设计并装饰了邦威特·特勒（ Bonwit Teller ）百货公司的橱窗，但在橱窗揭幕前，管理层调整了他的设计。怒火中烧的达利将一个浴缸扔出橱窗，随即被捕，但很快又被释放了。同年，达利在朱利恩·列维画廊成功举办了一次个展，并受委托设计了6月纽约世界博览会娱乐区域里的"维纳斯之梦"展馆。这座展馆的正面十分引人注目，墙面上有许多突起，让人不禁想起安东尼奥·高迪的建筑作品"米拉之家"（*Pedrera*）。刺猬、仙人掌和拐杖点缀着整座展馆的外部，参观者需要通过一个拱门通道进入展馆，通道似乎是对《雨中的出租车》的全新演绎，天花板上还挂满了倒置的雨伞。

参观者进入展馆后，会欣赏到两个大型游泳池中的水上舞蹈表演。透过展馆的正面入口，参观者可以看到波提切利（Botticelli）的《维纳斯的诞生》（*The Birth of Venus*）和莱昂纳多·达·芬奇（Leonardo da Vinci）《施洗者圣约翰》（*Saint John the Baptist*）的复制品。然而，"维纳斯之梦"展馆最终呈现出来的效果与达利设计的初衷不尽相同，达利又一次大发雷霆，并且以牙还牙地发表了文章《人类对自己疯狂状态的想象和权利之独立宣言》（*Declaration of the Independence of the Imagination and the Rights of Man to His Own Madness*）。

那一年，令达利比较满意的创意作品是他为芭蕾舞《酒神节》（*Bacchanale*）设计的布景和服装。他在方案中写道："布景代表维纳斯山[位于艾森纳赫（Eisenach）附近的维纳斯博格（Venusberg）]，背景则展示了萨尔瓦多·达利的出生地安普尔丹（Ampurdan）平原，神庙从舞台中心缓缓升起，正如拉斐尔在《处女之婚》（*The Marriage of the Virgin*）中描绘的那样。"[30] 然而，舞蹈评论家杰克·安德森（Jack Anderson）认为这部芭蕾舞简直是那一年的丑闻，并且评论道："达利设计的布景重点是一只巨大的天鹅，天鹅的胸部有一个洞，舞者会身穿引人注目的服饰从洞口出现。"[31] 达利在艺术创作中一次又一次地运用了令他魂牵梦绕的家乡景色，然而在下一年，家乡却似乎变得更加遥不可及了。

达利在朱利恩·列维画廊个展的目录封面，纽约，1939年。

达利和加拉，在美国加州的蒙特里（Monterey）对一棵著名柏树的即景写生。

第九章：在美国扎营

唯此地是我家，在别处我只是宿营者。
　　　　——萨尔瓦多·达利[1]

　　1940年6月底，当德国军队进入法国波尔多时，达利夫妇经由里斯本，开始了他们在美国的新流亡生活，并在美国一直生活到1948年。二战期间，创意工作者纷纷越过大西洋逃往美国。1940年晚些时候，达利在《时讯报》（*Times-Dispatch*）上写道："我试图创造幻想、神奇、梦幻般的东西。这个世界需要更多的幻想，我们的文明过于机械化了，我们可以把梦幻变为现实，它会比实际存在的更加真实。"[2]

　　1940年8月16日，达利穿着漂亮的细条纹西装从"交换号"轮船下船时，他向媒体宣布超现实主义运动已经消亡。达利夫妇在圣瑞吉酒店（St Regis）住了10天，然后南下到弗吉尼亚，住在克瑞丝·克罗斯比的汉普顿庄园。这座庄园是克瑞丝的意外收获，那时她正在寻找一座长满玫瑰的旧庄园，不料车子在赫勒福德（Hereford）附近抛锚了，而汉普顿庄园恰好就位于该地的某个养牛场上。庄园当时是一座破旧的希腊复兴式砖结构建筑，始建于1838年，是约翰·汉普顿·德贾尼特（John Hampton DeJarnette）根据朋友托马斯·杰斐逊（Thomas Jefferson）的计划修建的。汉普顿庄园坐落在约1.97平方千米的广阔田野和林地上，周围的景色堪比都兰（Touraine）。达利在给妹妹安娜·玛利亚的一封信中写道："我们已经在这片古老森林中的安静地带住了几个星期。"[3]达利全身心地投入自己的工作，除了撰写大段自传，还创作了四五幅画。

左图：达利在汉普顿庄园写自传，弗吉尼亚，1940年。

上图：德尔蒙特酒店，蒙特里，加利福尼亚州。

　　达利在全力创作自传的同时，于1941年4月22日至5月23日在朱利恩·列维画廊举办了个展。然而这一次，作品销售惨淡，大众评论也不如过去积极，一些评论家开始质疑达利向古典主义的转变及其诚意。回想起来，无论是在当时还是那之后的几十年里，达利对金钱的巨大欲望和他相当无耻的公众形象都似乎蒙蔽了很多专家，影响了他们对达利的作品做出正确的判断。2005年末，达利晚期作品的拥护者查尔斯·斯塔基（Charles Stuckey）说："我们需要审视达利晚期作品的艺术性，因为它们与绝大多数同期艺术家的作品大不相同……世界上没有人能完成达利当时做的事情。"4然而，朱利恩·列维不得不解决当时的现实问题，因此他举办了达利作品巡展，展览地点依次为芝加哥、旧金山和洛杉矶。

　　同年，朱利恩·列维建议达利在蒙特里的德尔蒙特酒店（Hotel del Monte）度过夏天。德尔蒙特酒店是当时北美西海岸的豪华酒店之一，它独特、美丽、宽敞，专为富人和名人服务，是达利夫妇的完美选择。1941年和1942年的夏天，他们都住在那里，1943年海军接管德尔蒙特酒店后，他们搬去了德尔蒙特的别墅区继续自己的旅居生活，直到

情人角（Lovers Point），蒙特里，加利福尼亚州。

1948年才回到加泰罗尼亚。蒙特里地区有着多岩石的海岸线，可以俯瞰太平洋，这不禁让达利联想起他钟爱的家乡加泰罗尼亚的风景。

德尔蒙特酒店建于一片宽阔的土地上，融合了19世纪的瑞士哥特风格和20世纪的西班牙复兴风格。从酒店驱车出发，有一条约27千米长的著名公路，公路两旁点缀着神秘的森林、雪白的海滩和引人注目的海岸悬崖。这里绝不是利加特港和卡达克斯港的复制品，但它却是达利在流亡美国期间能找到的最好的替代品。1941年，达利完成了自传，并坚持每天在画室里长时间作画。此外，他还成了卡梅尔艺术协会（Carmel Art Association）的成员，并慷慨地花费时间与精力为高中艺术竞赛展览担任评委。1941年夏天，他为芭蕾舞剧《迷宫》（*Labyrinth*）设计了服装和布景，该剧于当年秋季在纽约上演。1941年9月2日，达利夫妇组织了一场化装舞会，名为"奇幻森林中的超现实主义之夜"。舞会吸引了1000余人参加，其中包括琴吉·罗杰斯（Ginger Rogers）、

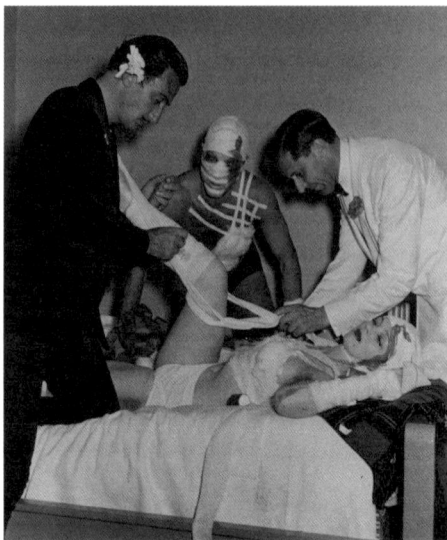

1941年9月2日，在德尔蒙特酒店"奇幻森林中的超现实主义之夜"化装舞会上，一位舞蹈演员裹上绷带前来参加。

鲍勃·霍普（Bob Hope）和凯莱·范德比尔特（Gloria Vanderbilt）等多位重要名人。客人围绕着从当地动物园借来的动物、人体模型和大约2000棵松树边吃边跳、尽情享乐。尽管这次舞会在经济上没有任何收益，但在公关宣传方面取得了巨大的成功。

达利对珠宝设计的兴趣也始于这个时期，他与来自巴勒莫（Palermo）的革命性珠宝商富尔科·迪维尔杜拉公爵（Duke Fulco di Verdura）合作完成了一些作品。在此后的艺术生涯中，达利对珠宝设计的热情从未消退。1959年，达利在谈及珠宝设计时说："我的珠宝是对过分强调材料成本这一观念的抗议。我的目标是展示珠宝商真正的艺术视角——设计和工艺的价值应高于珠宝的材料成本，就像曾经的文艺复兴时期那样。"[5]同年，他与摄影师菲利普·哈尔斯曼（Philippe Halsma）开始了商业合作，这种关系一直持续至哈尔斯曼1979年去世。

由达利设计剧本、舞台及部分服装的芭蕾舞剧《迷宫》在纽约大都会歌剧院（New York's Metropolitan Opera House）上演，由蒙特卡罗芭蕾舞团表演。达利自己并不太喜欢这部作品，评论家似乎也不看好它，但它却为达利与米罗在纽约现代艺术博物馆举行的联合回顾展起到了宣传作用。作为巡展的第一站，纽约的展览于11月18日开幕，一直持续到1942年1月11日，获得了巨大的成功，达利成了无可争议的明星。此后，展览还在其他8个城市巡回展出。1942年3月，商人雷诺兹·莫尔斯（Reynolds Morse）及其未婚妻在克利夫兰艺术博物馆（Cleveland Museum of Art）参观了此次巡展。1943年4月，两人购买了第一件达利的作品，后来他们成了美国最伟大的达利作品收藏家。

在这段时期，赫莲娜·鲁宾斯坦（Helena Rubenstein）令达利十分着迷。她曾委托达利为她在曼哈顿的公寓绘制3幅壁画，并将它们登上了《时尚》杂志。此后，她又邀请达利为自己画了一幅肖像画。在此期间，绘制肖像成了达利的大生意。5月，达利设计的新芭蕾舞剧《希尼塔咖啡馆》（El Cafe de Chinitas）在纽约大都会歌剧院和底特律上演。该剧改编自费德里科·加西亚·洛尔迦的真实故事。

虽然达利只是在美国旅居，但他像往常一样利用自己的身份和才华赚了很多钱，美国的活力似乎很适合他。[6]1941年9月，他为自传《我的秘密生活》策划了一场预热宣传活动。该书于次年正式出版，并很快售罄，但评价褒贬不一，人们争论的焦点在于这本自传将事实与想象融合在了一起。达利的文笔很好，字里行间充满了丰富、独特、舷外发动机般的想象力。伟大的加泰罗尼亚作家约瑟夫·普拉评价道："这本自传的主旨是真正的埃姆波尔达精神，其中有独特的讽刺方式，又混合着精神自由和某种'生理胆怯'。"[7]

人们对这本自传的反应促使达利开始准备下一本著作——小说《隐藏的面孔》（Hidden Faces）。毫无疑问，达利非常喜欢汉普顿庄园那样有利于写作的优美环境，所以这一次他选择住进了同样美丽的德奎娃侯爵（Marquis de Cueva）庄园，庄园位于美国新罕布什尔州法兰克尼亚（Franconia）的怀特山脉附近。达利在小说前言中写道："我希望写一部冗长乏味的'真实小说'来反抗某种现象……随着战争的结束，我们将进入一个充满智慧和责任感的新时代。"尽管现在的人们声称这部

达利在阿尔弗雷德·希区柯克的电影《爱德华大夫》的布景前，1945年。

小说"戏剧性地展现了达利独特的视角"[8]，但在1944年4月《隐藏的面孔》面世时，人们的评价却普遍不那么积极。多产作家兼评论家马克·肖勒（Mark Schorer）为《纽约时报》（*New York Times*）撰写了一篇题为《它很无聊，但它是艺术吗？》（*It's Boring, but Is It Art?*）的评论文章，他在第一段的结尾写道："达利的唇形沙发显示出比这篇小说更大的'智力责任'。"[9]

1944年，达利为芭蕾舞剧《感伤的对话录》（*Sentimental Colloquy*）设计布景，并撰写了《疯狂的特里斯坦》（*Mad Tristan*）的剧本，这两部作品均在纽约上演。他还为《生活》（*Life*）杂志撰写文章，为《时尚》杂志设计封面，为布莱恩袜业（Bryans Hosiery）的尼龙长筒袜策划广告。更令人兴奋的是，1945年9月，达利前往好莱坞与阿尔弗雷德·希区柯克（Alfred Hitchcock）合作，为电影《爱德华大夫》（*Spellbound*，又

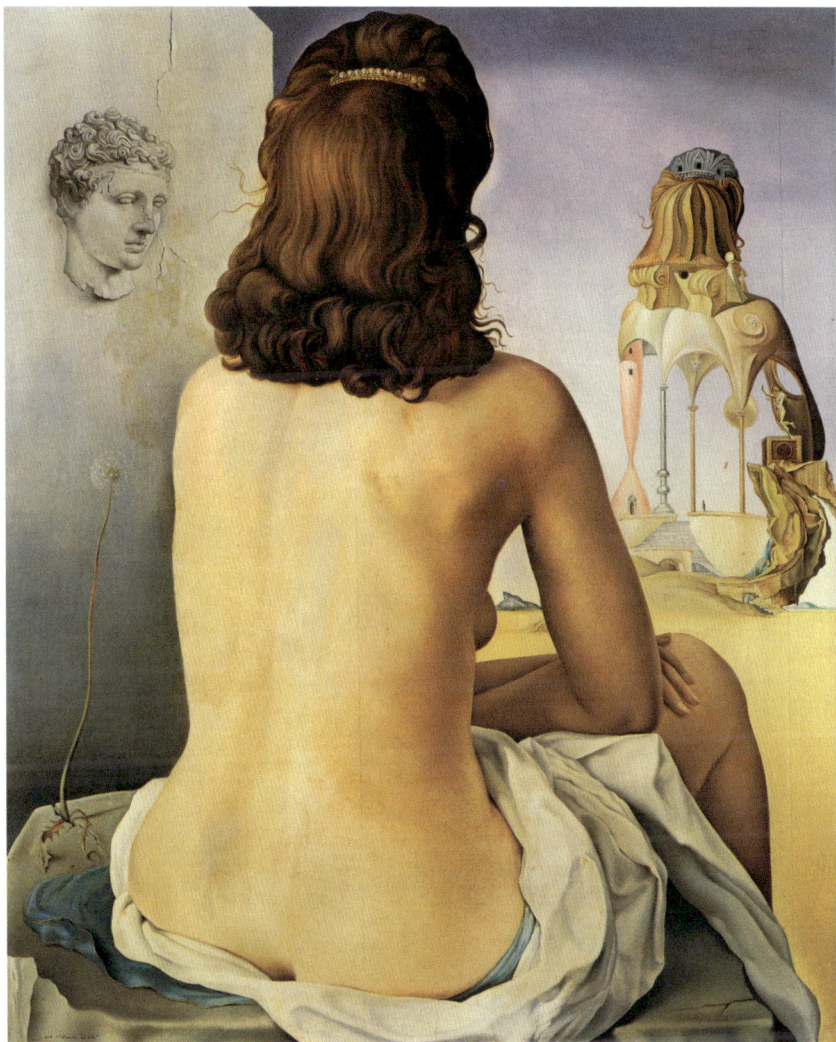

《我的妻子，裸体，凝视着自己的肉体变成楼梯、柱子的三块椎骨、天空和建筑》（My Wife, Nude, Contemplating her own Flesh Becoming Stairs, Three Vertebrae of a Column, Sky and Architecture），1945年，木板油画，61厘米×52厘米，私人收藏。

名《意乱情迷》）拍摄梦境场景。达利最初的设计方案成本太高无法执行，所以只能用微型道具进行替代。达利一共设计了20多分钟的镜头，其中包括充满幻想的风景、被割破的眼球，以及裸体的女人。[10] 最终，它们被剪辑成约4分半钟，并成了影片的特色。1937年，达利在《时尚芭莎》（Harper's Bazaar）杂志中给予好莱坞极高的评价，他称"不管好莱坞知道与否，这些镜头都是超现实主义的理想孵化器"。[11]

1945年11月20日到12月29日，达利在纽约的比纽画廊（Bignou Gallery）举办了数季以来的首次展览，名为"萨尔瓦多·达利的新作"。他在展览目录的前言中写道："我感觉自己比以前更任性了！"艺术评论家爱德华·奥尔登·朱厄尔（Edward Alden Jewell）在开幕式上采访了达利，称他是"超现实主义或其他什么的领袖"，并与他讨论了"在9个月的严格隐居期间"创作的11幅新作品。朱厄尔认为，在所有的作品中，有关达利的妻子加拉的两幅画作肯定会引起人们的特别关注。其中有一幅标题比较复杂的作品为《我的妻子，裸体，凝视着自己的肉体变成楼梯、柱子的三块椎骨、天空和建筑》。[12] 朱厄尔在《纽约时报》的一篇评论中写道："是的，达利最终将无意识人性化了，这绝对是出于感激（不可能出于恶意），我认为无意识让达利的艺术看起来就像一双磨损的老式拖鞋那样舒服……他把超现实主义'放进'被揉皱的纸中，让它过夜，还给了它一杯牛奶。"[13] 朱厄尔认为，尽管达利公开宣布他要转向古典主义，但这并不意味着他将完全抛弃潜意识。

为配合画展开幕，达利发布了第一期欢闹、恶搞式的自我宣传《达利新闻》（Dali News），里面毫无疑问充斥着他的特写、广告和短文。同时，在画展开幕之前，沃尔特·迪士尼（Walt Disney）曾与他联系，希望与他合作动画短片《命运》（Destino），该短片将被作为一个系列动画片中的一部分。从1945年末到1946年的8个月里，达利与迪士尼工作室的艺术家约翰·亨奇（John Hench）合作编写了短片的故事板（分镜头）。然而，后来迪士尼觉得该系列动画不会成功，暂缓了计划。《命运》最终于2003年才制作完成。

达利的下一个艺术阶段被命名为核神秘主义，主要是受到原子弹爆炸的影响。几年后，达利在与作家安德烈·帕里诺（Andre Parinaud）的交流中，说道：

1945年8月6日的原子弹爆炸给了我沉重的打击。从那时起，原子就成了我最喜爱的反思主题。我在这一时期创作的许多作品都表达了我对原子弹爆炸的巨大恐惧。我用偏执狂批判法去探索那个世界，我想要看到并理解事物的力量和隐藏的规律，以便控制它们。为了深入现实的精髓，我有一种亲切的直觉，那就是我拥有一种非凡的武器——神秘主义。它是对事物的深刻直觉，借着神的恩典，通过真理与整体的、绝对的幻象瞬时交流。[14]

1947年11月25日至1948年1月5日，达利在比纽画廊举办了第二次展览，其中一件展品是《原子的丽达》（Leda Atomica）的习作，这是达利基于数学家玛蒂拉·吉卡（Matila Ghyka）总结出的数学规律完成的。在展览开幕式上，第二期（也是最后一期）《达利新闻》发行。1948年初，达利出版了《成为画家的五十个神奇奥秘》一书，以此向传统大师们的绘画技艺致敬，同时对未来的艺术家提出了一些有趣的建议，其中一些建议显然受到了家乡加泰罗尼亚风景的启发。很快，达利就将重新回到那片他挚爱的土地。

《利加特港的圣母》（局部），1950年，布面油画，275.3厘米×209.8厘米，福冈美术馆，日本。

第十章：宗教和政治的蜕变

错误几乎总是具有神圣的性质。

永远不要试图去纠正它们，恰恰相反，要将它们合理化，并且彻底地理解它们。

而后，你很有可能将其升华。

——萨尔瓦多·达利[1]

1948年7月初，达利夫妇设法回到了他们深爱的加泰罗尼亚。7月21日，他们前往法国勒阿弗尔（Le Havre），再次踏上了欧洲的土地。[2]达利夫妇正在返回一个他们流亡美国期间发生了重大变化的地方。自1939年以来，西班牙一直由独裁者佛朗哥统治，他创建了"一个国家恐怖主义政权，并通过控制媒体和国家教育体系对国民进行洗脑"[3]。此外，佛朗哥的法西斯政府与天主教会结盟，打着宗教的旗号把民族主义和宗教联系起来，实则为了推进其法西斯议程。[4]达利还在美国时就已经转变了对天主教的态度。他的母亲是虔诚的天主教徒，父亲是坚定的无神论者，达利从小在这样的家族环境中长大，因此他对宗教的认识是矛盾和分裂的。他把自己对性深深的罪恶感归咎于天主教，尽管他父亲留给他的关于性病的书籍也在其中发挥了作用。从20世纪40年代起，达利开始探索自己的宗教根源，研究将艺术、宗教和科学合为一体的西班牙中世纪神秘主义。回到佛朗哥统治下的祖国后，为了生存，达利知道自己必须要在表面上认可天主教和当时的政治环境。[5]然而，对旁观者而言，要把艺术家的实际行为与他自原子弹爆炸以来的经历和体验分割开，是一个巨大的挑战。

达利夫妇回到利加特港后不久，为加泰罗尼亚刊物《德斯蒂诺》（*Destino*）撰稿的记者伊格纳西奥·阿古斯蒂（Ignacio Agusti）前来采访了达利。阿古斯蒂在卡达克斯待了3天，观察达利的家庭生活，他尤其留意到：这位艺术家回到他心目中最钟爱的地方后心情是多么愉悦。[6]回到加泰罗尼亚后的最初几个月，达利和父亲的关系十分融洽，老达利甚至很开心地和加拉一起开着达利夫妇的凯迪拉克去乡间旅行。那时，达利的妹妹安娜·玛利亚正在撰写回忆录，她发现与加拉共处是一个极大的挑战，但她并没有表现出来。或许，正是这段经历为她指明了在不久的将来自己要写些什么。

此时的达利正努力让当局信任他对佛朗哥将军和天主教会的忠诚。1949年，他创作了自己的第一幅宗教主题作品《利加特港的圣母》（*Madonna of Port Lligat*），他在美国时就已经开始构思这幅作品了。达利共创作了两个版本：一幅创作于1949年，另一幅创作于1950年。它们暗喻了战后世界的核心愿景，融合了文艺复兴时期皮耶罗·德拉·弗朗西斯卡（Piero della Francesca）的肖像画风格。很明显，达利在描绘作品中的圣母时借鉴了妻子加拉的容貌特点，这很容易被认为是一种玩世不恭的选择，尽管他本人理所当然地认为加拉是神圣的。圣母玛利亚和婴儿坐在利加特港的沿海景观中，一些大块的砖石飞入天际，画面四周的面包和鱼等物品则采用了传统的象征主义表现手法。在圣母

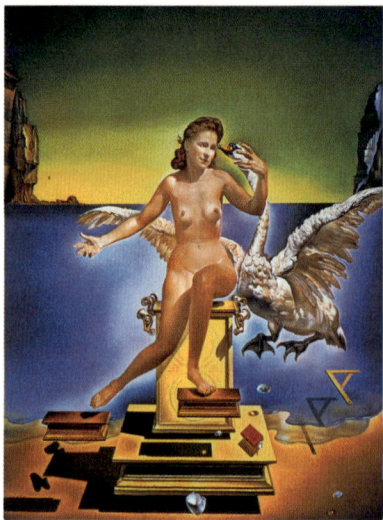

上图：《利加特港的圣母》，1949年，布面油画，144厘米×96厘米，马凯特大学美术委员会，密尔沃基，美国威斯康辛州。

下图：《原子的丽达》，1949年，布面油画，61.1厘米×45.3厘米，达利戏剧博物馆，菲格雷斯。

达利和他的宠物豹猫巴布在一起，摄于1965年。

玛利亚和婴儿的身体上凿出的矩形孔洞可能暗示了他们超然的状态。两个版本相比，1950年的版本更为复杂，使用了更多符号，画作中的光线看起来也更具暗示性。

　　1949年夏天，达利还为三部舞台剧设计了服装与布景，这些舞台剧都于当年11月公演。其中一部作品是莎士比亚的《皆大欢喜》（*As You Like it*），计划在罗马上演。于是，达利夫妇决定前往罗马，这不仅是为了11月26日的首演，更是为了与教皇皮乌斯十二世（Pope Pius XII）的私人会面：达利希望皮乌斯十二世能在画作《利加特港的圣母》上加盖教皇印章。他向教皇展示了这幅画的缩略图，虽然教皇可能对其中的一些超现实主义细节感到困惑，但他仍然答应了达利的请求。然而，关于达利希望与加拉举办教堂婚礼的请求，教皇表示无能为力，因为加拉之前曾在罗马天主教仪式上嫁给了保尔·艾吕雅。1950年，达利宣布自己是天主教徒，不过他更确切地将自己描述为"没有信仰的天主教徒"。

　　从1949年起，达利每年都会在纽约的圣瑞吉酒店度过秋季与冬季。他的随行者不仅有加拉（当然加拉并非每一季都同行），"还有一群奇怪的同伴和动物，其中包括他的宠物豹猫巴布（Babou）。在这里，达利会高兴地挥舞着他那金黄色的蜜蜂披风，或者'不小心'放飞一大箱苍蝇"[7]。安迪·沃霍尔是达利的常客，他说："每周日下午，达利都会和客人一起喝茶——其实是喝香槟酒。然后达利会带大家去最好的餐厅就餐。他很慷慨，每次聚会不少于20个人，聚会者都是城里挨饿的年轻美女和异装癖者。"[8]达利的朋友、模特和缪斯卡洛斯·洛萨诺后来在回忆录中写道："我只见过一次豹猫的微笑。那天它逃走了，吓得莫里斯酒店（Meurice）的客人像老鼠一样四处逃窜。"[9]达利住在圣瑞吉酒店的1610号套房，他还有另一间套房作为工作室。艺术家兼作家紫外线是达利的缪斯、学生和助理，她在1988年出版的回忆录里再现了达利工作室中的一幕："一位身材高挑的裸体女模特斜倚在一张紫红色的天鹅绒沙发上，灯罩由一条古董披肩制成，天鹅绒面料在灯光下闪闪发光。一个金色的巨大龙虾壳被放在沙发扶手上，它即将在肖像画《等电话的维纳斯》（*Venus Awaiting a Phone Call*）中出镜。"[10]在回忆录"达利岁月"这个章节中，她还描述了自己和达利在圣瑞吉酒店工作室时的情色场景："我试图进一步引诱他，但达利并未向我发出信号。画作场景里的主要道具，一个金色的龙虾电话被达利扔到房间的另一头，顺着开着的窗户飞了出去，就这样，一切都结束了。"紫外线总结道："好处是很安全——我不可能怀孕。"[11]

　　1949年，达利在美国创作了油画《原子的丽达》，再次向观者展现了他家乡风景的各个方面。作品中，达利以加拉为灵感探索了希腊神话中丽达的故事。"我创作《原子的丽达》来歌颂我的玄学女神加拉，我成功地创造出了'悬浮空间'。"[12]为了达到最神圣的视觉比例，达利遵循数学家玛蒂拉·吉卡的规则计算出和谐的人体比例。这部作品是空灵的，各种元素之间并无关联，画中的大海甚至没有与陆地连接。加拉是丽达的模特原型，画中的丽达坐在一个基座上，用左手爱抚着一只天鹅，天鹅正在向她靠近，也许是想亲吻她。背景中的岩石源自诺福角（Cape Norfeu），位于卡达克斯和罗塞斯之间。丽达周围有各种物件，其中包括一只鸡蛋、一本书和一个正方形布景。[13]

1949年12月，达利的妹妹安娜·玛利亚出版了回忆录《妹妹眼中的萨尔瓦多·达利》（*Salvador Dali as Seen by His Sister*），父亲老达利很高兴，为这本书写了一篇简短的介绍。这本回忆录讲述了超现实主义以及加拉（尽管安娜·玛利亚从未直接提及加拉的名字）是如何毁掉她的哥哥乃至整个家庭的。[14]达利认为这本书的内容虚假至极，感到极为愤怒，并发誓要告诉人们真实的家庭故事。于是，达利印制了一批卡片，在上面说明了1930年他如何身无分文地被逐出家门，并声称家人直到他出名才接受他并与他和解。1950年1月，达利开始广泛分发卡片，用以警示传记作家和收藏者。达利还写了一封信给父亲，为了避免妹妹中途拦截，信件是通过一个朋友转交的。具体的信件内容我们已经无从考证，但老达利在1月30日更改了自己的遗嘱，让安娜·玛利亚成为主要受益人，只给达利留下了6万比塞塔（约现在的6000英镑）。[15]

同年夏天，达利受意大利政府委托，为但丁（Dante）的《神曲》（*Divine Comedy*）创作插图，并开始创作一幅更大规格的新版本《利加特港的圣母》。此时，达利得知父亲病重，便赶回卡达克斯看望他。与达利同行的埃米利奥·普伊格南（Emilio Puignan）听到达利的父亲说："我想今天是我的末日，儿子。"[16]老达利于1950年9月22日去世，达利探望并亲吻了他父亲的尸体，但没有参加葬礼。妹妹安娜·玛丽亚因过度悲伤也无法出席葬礼，于是他们的堂兄蒙特塞拉特·达利（Montserrat Dalí）代表他们一家去了。据说，葬礼那天特曼恩塔纳山风格外猛烈，堂兄两次被刮倒在地。

1950年，达利筹划了为期两周的西班牙之旅，随后为《时尚》杂志撰写了一份旅行建议，并附有插图。10月，达利在巴塞罗那的阿泰纽（Ateneu）举办讲座，主题是"为什么我是亵渎神明的，为什么我是神秘的"。演讲旨在解释他如何从一个极端的反神职人员转变为一个虔

《十字架上的圣约翰基督》，1951年，布面油画，204.8厘米×115.9厘米，凯尔温格罗夫（Kelvingrove）艺术画廊和博物馆，苏格兰。

诚的天主教徒，达利试图让听众相信他是一个真正的宗教神秘主义者，并正通过最新的科学发现来理解天主教。[17]这次演讲标志着达利作品的另一种转变，因为他开始从时代科学进步的角度来处理宗教主题。一方面，他感受到十字架上的圣约翰（St. John）、弗朗西斯科·德·苏巴朗（Francisco de Zurbarán）等构成了神秘主义绘画传统；另一方面，他相信自己正在开启欧洲的宗教绘画重生。

1951年4月，达利将自己在巴塞罗那的演讲结集成书，出版了《神秘主义宣言》（*Mystical Manifesto*）。这本书融合了科技的最新进展与形而上学的灵性，建议艺术家使用神秘的幻想来理解神秘主义。"神秘主义是从极端个人主义主张中爆发出的喜悦，这种极端个人主义主张是所有人在绝对统一的迷狂中的异质倾向。"[18]《十字架上的圣约翰基督》（*Christ of St. John of the Cross*）是达利在这一时期的重要画作之一，艺术评论家乔纳森·琼斯（Jonathan Jones）在《卫报》（*The Guardian*）中评论道："不管怎样，这件作品可能是20世纪耶稣受难主题绘画中最为不朽的版本。"[19]十字架上的男性飘浮在利加特港的上空，好像在试图反抗地心引力。达利将场景设置在利加特港的上空，那里是他的家。最终，忠于自己热爱的加泰罗尼亚风景似乎成了达利唯一的美德。[20]12月，这件作品连同《利加特港的圣母》在伦敦的亚历克斯·里德画廊（Alex Reid）和勒费弗画廊（Lefevre）展出。

同年9月，达利夫妇参加了威尼斯的一场化装舞会，舞会由古怪的艺术收藏家、千万富翁卡洛斯·德·贝斯特吉（Carlos de Bestegui）举办。达利夫妇的服装是由克里斯汀·迪奥（Christian Dior）在加拉的协助下设计完成的，两人装扮成了7米高的巨人。尽管这场舞会引起了广泛的关注，达利仍没有停下自我营销的脚步，他在马德里的玛丽亚·格雷罗（Maria Guerrero）剧院发表了题为"毕加索和我"（*Picasso and I*）的演讲。这篇演讲中的某些内容引起了轰动，比如"毕加索是西班牙人，我也是。毕加索是个天才，我也是。毕加索约74岁，我约48岁。毕加索驰名世界，我也是。毕加索是个共产主义者，我不是"。[21]

《记忆的永恒的瓦解》，1952～1954年，布面油画，25.4厘米×33厘米，达利博物馆，圣彼得堡，佛罗里达。

1954年5月，达利为《神曲》绘制的插画在罗马帕拉维奇尼宫（Palazzo Pallavicini）展出。他内心深处渴望在圣城耶路撒冷重生，于是召开了一个新闻发布会。在发布会上，他适时地从一个形而上的立方体中跳了出来，或许他是在以这个举动暗示重生。[22]雷诺兹·莫尔斯和埃莉诺·莫尔斯（Eleanor Morse）夫妇在协助达利完成意大利的布展工作后，第一次来到利加特港和卡达克斯旅行。夫妇俩原本只在他们收藏的达利作品中见过这些地方，但这次，他们完全被眼前的美丽景色征服了。莫尔斯后来写道："在1954年，人们普遍认为达利的超现实主义作品只是代表了一个充满潜意识幻觉的虚构梦境。现在看起来，这个观点十分奇怪。从画作里看到的风景其实是真实存在的，它们是达利超现实主义的鲜活组成部分，然而这些观念还没有渗透到巴黎和纽约这些现代艺术的没落世界。"[23]

《最后的晚餐的圣礼》，1955年，布面油画，166.7厘米×267厘米，美国国家美术馆，华盛顿。

1954年，达利为多本书籍创作了插画，如欧金尼·德·奥尔斯（Eugeni d'Ors）的《卡达克斯的莉迪亚的真实故事》（The True Story of Lidia of Cadaqués）、挚友查尔斯·法吉斯·克莱门特的《奥蒂斯鞋匠的民谣》（Ballad of the Cobbler of Ordis），达利为后者撰写了后记。同年，达利还与摄影师菲利普·哈尔斯曼合作出版了《达利的胡子》（Dali's Mustache）一书。此外，达利完成了画作《记忆的永恒的瓦解》（The Disintegration of the Persistence of Memory），作品耗时两年，最初被命名为"一条色彩鲜艳的鱼眼睛的染色体，它开启了永恒记忆的和谐瓦解"（The Chromosome of a Highly-Coloured Fish's Eye Starting the Harmonious Disintegration of the Persistence of Memory）。画面中的景物与《记忆的永恒》相同，但整体色彩更具金属质感。画作背景源自达利家乡加泰罗尼亚的海景，土地被水淹没，除了悬崖和鱼，其他漂浮物都被分解成了原子状态，平静的海面映照出了远处金色的悬崖，一条大鱼在令人不安的环境中看似平静地游动。这一切氛围都让人联想起了达利23年前的作品《记忆的永恒》，只是当时，原子弹还未投下，西班牙内战和第二次世界大战也还未爆发。

1955年，达利在其重要作品《最后的晚餐的圣礼》（*The Sacrament of the Last Supper*）中描绘了极具地方特色的景观。作品采用达利式的对称结构，立即吸引了观者的视线。就像达利在《十字架上的圣约翰基督》及其他作品中表现的那样，他再次将圣经中的重要场景搬到了利加特港，并直接以那里崎岖不平的海湾美景为背景。达利将场景设置在半透明的十二面体空间中，正如他所言："我想通过数字'12'来表现最大限度的光亮感以及毕达哥拉斯式的瞬间：白天的12个小时、一年的12个月、十二面体的12个五边形、围绕太阳的黄道12宫、基督的12使徒。"基督被完美地放置在所有对称和几何结构的核心位置，他不仅维系着画面结构，还在艺术和精神层面，如上帝般将宇宙维系在一起。[24]光线被绘制得非常漂亮，完美地分布在画面中，既暗喻了新一天的曙光，也象征着思想启迪的萌芽。毫无疑问，在达利的意识和潜意识中，利加特港是呈现这一切的最佳地点。

与此同时，达利与法西斯独裁者弗朗西斯科·佛朗哥的关系越发融洽。1956年6月16日，佛朗哥在马德里的埃尔巴尔多皇宫（Royal Palace of El Pardo）接见了达利。自20世纪20年代以来，这位独裁者对绘画产生了浓厚的热情，他对维米尔（Vermeer）及其光线处理手法的深入了解给达利留下了深刻的印象。[25]当时，希望在西班牙定居的知名创作者并不多，因此对佛朗哥而言，与达利交好不失为一个正确的选择。1964年4月2日，他授予达利天主教伊莎贝拉大十字勋章，以表彰达利为西班牙做出的贡献。20世纪60年代末，达利告诉朋友卡洛斯·洛萨诺："下个世纪，当孩子们询问佛朗哥是谁，他们会得到这个答案：他是达利时代的一个独裁者。"[26]1956年，达利在巴塞罗那的奎尔公园（Güell Park）发表演讲，向高迪致敬，同时还在现场创作了一幅作品。

1952年，达利在利加特港的工作室里创作《原子加拉》（*Galatea of the Spheres*）。

然而，达利并没有以同样的方式向毕加索致敬，他在1956年出版了《过时的现代艺术的不贞》（*The Cuckolds of Antiquated Modern Art*），同年，在其他评论文章中，他宣称毕加索应该为"普遍的丑陋"负责。[27]

任何形式的美都是达利的精神补给和灵感源泉。1955年2月，在一场纽约的精英舞会上，当时最漂亮、最知名和最富有的人集聚一堂，达利被一个迷人的金发女郎惊艳到了：她身着一件红色晚礼服，有着琥珀色的瞳孔，看起来像猫一般优雅。达利走近这个令人陶醉的尤物，对她说："我是达利，希望在余生的每一天都能见到你。请问，你是谁？"[28]这位红衣女郎是一位情色小说家的女儿，住在离马德里学院仅几分钟路程的地方，达利在年轻时曾偷偷读过她父亲的小说。达利爱上了这位邪恶又奇妙的美人——娜妮塔·卡拉什尼科夫（Nanita Kalaschnikoff），因为她的君主气

加拉和达利在利加特港的工作室里。

质，达利亲昵地称呼她为路易十四，并视其为自己的朋友和缪斯。[29]娜妮塔也对达利产生了真挚的感情，她爱上的是真正的达利——"一个私密的人，一个隐藏在层层洋葱皮般伪装下的迷人的男人"。[30]与加拉相比，娜妮塔在性方面毫无禁忌，这让达利获得了更多情爱愉悦。虽然他们没有公开这段关系，但两人确实乐在其中。1995年，娜妮塔在接受作家伊安·吉布森的采访时说："对达利而言，性总是像个怪物，他一直无法克服自身

达利和沃尔特·迪士尼在卡达克斯合影。

的焦虑感，这正是他的悲剧之处。"[31]

　　达利的另一段友谊来自沃尔特·迪士尼，他们基于相似的兴趣和才能彼此欣赏，两人的亲密关系十分单纯。他俩都是小镇长大的男孩，如今小镇都因他们而名声大噪。1957年，迪士尼来到利加特港拜访达利，计划拍摄一部关于堂·吉诃德（Don Quixote）的电影，然而这部电影最终没能顺利完成。[32]

　　尽管达利在电影合作中并不是那么幸运，但他在宣传方面却异常出色。在这一阶段，达利痴迷于犀牛角和花椰菜，它们都是由对数螺旋线构成的，达利认为这是一种神圣、自然、完美的形式。1955年4月，这位

1955年4月30日，在巴黎文森纳动物园，达利在一头犀牛旁创作"偏执狂批判法"版的维米尔作品《花边女工》。

伟大的艺术家在巴黎的文森纳动物园（Zoo de Vincennes）里观察、临摹犀牛角时，甚至还在自己的头顶上放了一块尖尖的面包假装犀牛角。达利在《天才日记》中写道："'让旁人继续对达利说三道四吧，无论他们说的是不是好话。'我已经成功地吸引大众目光20年了。"为了能持续获得这种效果，达利于1958年在巴黎索邦（Sorbonne）举行了一场讲座，围绕维米尔作品《花边女工》（*The Lacemaker*）与犀牛角图形展开。他开着一辆白色的劳斯莱斯汽车入场，车里装满了上千朵白色的花椰菜。同年在罗马，达利再度"重生"，他用火炬点亮了帕拉维齐尼公主（Princess Pallavicini）宫殿的花园，然后突然从一个装饰着雷蒙多·卢依奥（Raimondo Lulio）神奇铭文的"蛋壳"中走出来，并用拉丁文发表了爆炸性的演说。[33]

1958年8月8日，达利在靠近赫罗纳（Girona）的圣马蒂·维尔（Sant Martí Vell）埃尔斯天使神社（Els Àngels shrine，一个私人教堂）举行仪式，迎娶加拉，这与他针对媒体的公开秀（更像是表演艺术）十分不同。达利爱上了这个美丽的地方，在这一小隅天堂中，赫罗纳的乡村美景几乎一览无遗。

1959年5月，达利与教皇约翰二十三世会面，他告诉教皇陛下，他正接受委托在美国亚利桑那州的沙漠里设计一座大教堂，他想把教堂设计成梨形，因为梨在中世纪象征复活，教皇的回应不得而知。[34] 年底，达利先后在巴黎与纽约展出了作品《Ovocipède》，这件精巧的装置作品看似一个玻璃罩，里面装着《启示录》（Apocalypse）。达利宣称，这是一种全新的艺术运动形式[35]，长达10年的典型达利风格就此画上句号。

1959年12月7日，达利乘坐《Ovocipède》来到巴黎冰宫（Palais de Glace）。

《世界基督教会议》（*The Ecumenical Council*），局部，1960年，布面油画，302.2厘米×254厘米，达利博物馆，
圣彼得堡，佛罗里达。

第十一章：科学、精神和加拉的威严

一切都表达了我对加拉的崇拜，甚至是圆形房间，
它完美的回声为整座建筑加冕，就像是银河大教堂的圆形穹顶。
——萨尔瓦多·达利[1]

20世纪60年代，达利再次与菲利普·哈尔斯曼合作，于1960年4月完成了一段18分钟的纪录片——《混乱与创造》（*Chaos and Creation*）[2]。同年，第五届视觉传播年度大会在纽约华尔道夫·阿斯托里亚酒店（Waldorf Astoria）举行，在大会上，达利通过这段视频向前卫的与会者发表演讲。这段视频的中心主题是"偏执狂批判法"，镜头从一个讲座开始，然后展示了达利某个表演的策划、发展与执行过程，并以他创作出一件艺术品结尾。在视频中，达利手里拿着画板，画板上有一幅皮埃特·蒙德里安（Piet Mondrian）的画作，在达利说话期间，镜头切换到了一个猪圈，猪圈里有一头真正的猪、一个身穿晚礼服的模特和一辆摩托车。[3]视频里，达利谈及了当代艺术，并介绍了他对后弗洛伊德主义艺术创作的新概念，这种新概念来自达利对科学的兴趣，尤其是他阅读的大量海森堡著作。科技的进步催生了新的艺术创作方式。1961年1月29日，达利在"埃德·沙利文秀"（Ed Sullivan show）上展示了一种新的绘画技巧，即在一块大画布上用装满颜料彩弹的枪进行多次射击。[4]

1962年，遗传学、DNA及其结构开始对达利的创作产生重要影响。1963年，在参加罗伯特·德夏恩斯专著《萨尔瓦多·达利的世界》（*The World of Salvador Dali*）的签名售书会时，达利躺在商店橱窗里的一张床上，他的身体连接着一台记录脑电波的仪器，且每本

达利在"埃德·沙利文秀"的照片，纽约，1961年1月29日。

书都附有达利脑电波的打印件作为赠品。达利对让-弗朗索瓦·米勒（Jean-Francois Millet）画作《晚钟》的迷恋始于20世纪30年代，并在1963年达到顶峰，当时他发表了文章《米勒笔下晚钟的悲剧传说》（*The Tragic Legend of the Angelus by Millet*），把偏执狂批判法运用到了这幅画上。在文中，达利将DNA与不朽的生命联系起来，阐述了自己对分子功能的理解："道德律法必须具有神圣的秩序，因为甚至在它被写在摩西的石板上之前，就已经包含在遗传螺旋的代码中了。"

1963年底，达利在纽约的诺德勒画廊（Knoedler Gallery）展出了自己的重要作品《半乳糖苷核酸》（*Galacidalacidesoxyribonucleicacid*），向发现DNA结构的诺贝尔奖得主克里克（Crick）和沃森（Watson）致敬。[5]在为作品撰写的一篇文章中，达利写道："'Galacidalacidesoxyribonucleicacid'是我用过最长的由一个单词组成的作品标题，但它的主题更'长'，与人类记忆的遗传持久性一样长。"[6]

《半乳糖苷核酸》，1963年，布面油画，305厘米×345厘米，达利博物馆，圣彼得堡，佛罗里达。

　　1962年春天，达利的缪斯、学生和助手紫外线与他一起去巴黎旅行，住在他巴黎的落脚地：莫里斯酒店。在紫外线的回忆录《15分钟的名声：我与安迪·沃霍尔共度的岁月》中，她精彩地描述了达利的生活环境："达利住在里沃利大街的莫里斯酒店一楼皇家套房里，在此之前，这间公寓是为意大利国王维克托·伊曼纽尔（Victor Emmanuel）保留的，许多其他皇室成员也曾入住此套房。客厅天花板上装饰着一幅华丽、洛可可风格的白色丘比特壁画，房中的雕花镜子有5米多高，在白色的石饰阳台上还可以俯瞰卢浮宫的花园。墙面铺满了华丽却略有褪色的金色丝绸，所有房门上均有着十分壮观的木雕。这个房间是世纪之交的辉煌遗迹。"[7]紫外线和达利一起在卡达克斯度过了整个夏天，然后于秋天重返巴黎，他们在那里过着百万富翁般的生活，几乎每天都在优雅、戏剧般的拉萨尔（Lasserre）高级餐厅吃午餐，按照惯例，达利会在用餐后回到莫里斯酒店午睡，这"能使他始终精力充沛，直至深夜"。[8]马克西姆（Maxim）餐厅是达利在巴黎的另一个最爱。

　　大约在这个时期，达利与加拉的感情生活开始变得有点复杂。加拉出生于1894年，比达利大10岁。自60岁起，加拉开始陷入对变丑、变老的恐惧中。在某种程度上，她与年轻情人的调情可以缓解自己的恐惧。达利对此非常清楚，同时也表示接受，但到了1964年，达利开始无法忍受了。加拉在纽约遇见并帮助了一个22岁的瘾君子威廉·罗斯莱恩（William Rothlein）。罗斯莱恩与年轻时的达利有着相似之处，这深深地打动了加拉，唤起了她的母性和性欲。加拉比罗斯莱恩年长近50岁，罗斯莱恩在意大利公开亲吻了加拉，将这段恋情公之于众。达利夫妇的赞助人和朋友阿尔巴瑞托斯（Albarettos）及时压制媒体，防止消息扩散。尽管达利对年轻的模特罗斯莱恩怀有父爱，但他同时意识到这件事对他的婚姻构成了严重的威胁。加拉和罗斯莱恩痴迷并深爱着彼此，这使达利无法再安心创作，他时刻担心着加拉会离他而去。1965年，加拉对罗斯莱恩的兴趣开始减退。1966年，她用一张单程船票把对方送回了美国。[9]虽然加拉的这段婚外情已经结束，但它给达利夫妇的关系造成了永远无法愈合的裂痕。有趣的是，罗斯莱恩对《萨尔瓦多·达利与安迪·沃霍尔》（*Salvador Dali and Andy Warhol*）的作者托斯顿·奥特（Torsten Otte）说："加拉喜欢控制别人，在她与达利周围形形色色的人打交道时我看出了这一点。她总是控制着局势，常常让人们远离达利。"[10]当罗斯莱恩摘下自己的公众面具后，他还将达利描述为一个体贴善良的人。

　　1965年，达利遇到了阿曼达·里尔，阿曼达于20世纪60年代从法国来到伦敦，成为组合切尔西女孩（Chelsea Girl）中的一员，认识包括大卫·鲍伊（David Bowie）在内的许多名人。多年来，阿曼达的背景一直是个谜——这或许是她从达利那里学来的。伊安·吉布森在《萨尔瓦多·达利的可耻生活》一书中曾指出，阿曼达做过变性手术，但并不确定达

1969年1月26日，达利和他的模特兼缪斯阿曼达·里尔在利加特港。

利是否为她支付了手术费。[11]在阿曼达的回忆录中，她讲述了自己与达利在卡斯特之家（Chez Castel's）的首次见面，这是当时巴黎最高级的俱乐部之一，位于公主大街。她写道："达利喜欢被环绕在古怪人士和卓越人士之中，喜欢在人群中脱颖而出并扮演国王的角色，身边的人都是他忠诚的朝臣。"[12]第二天，达利邀请阿曼达共进午餐，地点是他最喜欢的巴黎餐馆之一——拉萨尔高级餐厅。达利对她说："你的头骨相当可爱！神啊，请看一眼阿曼达美丽的骨架吧！"[13]他们的友谊开花结果，在启程去纽约之前，达利送给阿曼达一块巨大的玛瑙化石作为离别礼物，这是达利从巴黎最喜爱的标本商店戴罗乐（Deyrolles）购得的。[14]不幸的是，当达利夫妇在纽约时，阿曼达的男友塔拉（Tara）死于车祸。达利夫妇得知这个消息后急忙致电安慰她，达利更是在整个冬天都不断从纽约给阿曼达打电话，试图让她振作起来。随后，阿曼达在卡达克斯度过了夏天，她感觉到达利正在教她如何用达利式的双眼来看待事物。

《金枪鱼捕捞》（*Tuna Fishing*），1966～1967年，布面油画，304厘米×404厘米，保罗·里卡德（Paul Ricard）基金会，邦多尔（Bandol），法国。

    1966～1967年夏天，达利创作了《金枪鱼捕捞》，这幅画被很多人认为是达利后期的杰作。这幅作品美丽且充满活力，灵感源于一个名为"L'Almadrava"的海湾，在阿拉伯语中是指金枪鱼被捕获和屠宰的地方。达利通过回忆父亲老达利讲述过的金枪鱼捕捞的故事，以及展示过的一幅瑞典油画创作出了自己的故事。此外，那时他还恰好阅读了泰亚尔·德·夏尔丹（Teilhard de Chardin）的理论：宇宙是有限的，它是能量的来源。因此，达利在描述自己的最新力作时说道："所有的宇宙和所有的世界都汇聚在一个点上，在这幅作品中，这个点就是金枪鱼的捕捞，它是可怕的能量来源！所有金枪鱼和所有杀死它们的人类在这个过程中都是有限宇宙的化身。"这幅画作充满了酒神式的人物，具有强烈的视觉冲击力，不仅展示了达利高超的绘画技巧，还借鉴了他创作过的多种风格：超现实主义、点彩派、波普艺术、塔希主义、自动绘图、几何抽象和迷幻艺术。观众可以明显地感受到疯狂的暴力：身处不同历史时代的人们用金色的匕首捕杀金枪鱼，波光粼粼的蓝色地中海被染成了血红色。画面中的人和鱼都代表着有限的宇宙。法国作家路易斯·鲍维尔（Louis Pauwels）第一次来到利加特港时，达利正在创作这幅作品。这两位创意工作者已相识近15年，但直到鲍维尔斯看到达利的这幅风景画，他才意识到："只有把这幅包含了达利思想的非凡风景画考虑进去，才算是完全理解这位伟大的创造者。"[15]

1968年3月27日至6月9日，达利在纽约现代艺术博物馆参加了一场云集300余件作品的多人展览，展品的风格横跨了达达主义和超现实主义。新闻稿写道：

达利的第一部成熟作品出现在1929年，他创作了一系列精彩的小画，其幻觉强度是他后来的作品永远无法超越的。在其中一些作品中，例如《悲惨游戏》，绘画部分如同摄影作品般真实且震撼，很难将它们与拼贴照片

萨尔瓦多·达利在家中的图像资料，1968年9月17日。

位于加泰罗尼亚布波尔的"加拉-达利"城堡博物馆。

和彩色版画区分开。达利把他的绘画技巧与摄影逼真性及表面肌理性等同起来，完整地再现了由恩斯特发起的拼贴画"变态"形式。[16]

1969年，达利为加拉在布波尔（Púbol）买了一座城堡，也就是现在人们所知的"加拉-达利"城堡。城堡距离利加特港61千米，在被达利收购时它已经破败不堪，尽管它确实有一种浪漫的气氛。达利夫妇对城堡进行了修复，处理了坍塌的天花板和严重的裂缝。达利还巧妙地利用了半坍塌的天花板和墙壁，创造出了大小不一的神秘空间。城堡的内饰集合了巴洛克风格的纺织品、浪漫的象征符号、古董、特殊的建筑技巧和墙饰图案。他成功地为加拉创造了一个极具私密性的避风港，这个空间简朴神秘，但同时也非常美丽。达利认为这座城堡是利加特港住宅兼工作室的延续，但与此同时，这里显然是加拉的主要领地。达利在1973年出版的《不可言喻的自白》（Confessions Inconfessables）一书中写道：

一切都表达了我对加拉的崇拜，甚至是圆形房间，它完美的回声为整座

"加拉-达利"城堡博物馆里的加拉墓（上图）和钢琴休息室（下图），布波尔，加泰罗尼亚。

第154～155页跨页图：花园和游泳池，饰有理查德·瓦格纳（Richard Wagner）的半身像。

建筑加冕，就像是银河大教堂的圆形穹顶。当我在这座城堡里四处走动时，我都会审视自己。我喜欢摩尔式建筑的严谨，希望为加拉提供一个严肃、更值得去爱的居所。这就是我为什么给了她一座建在12世纪城堡废墟上的豪宅——拉比斯巴尔（La Bisbal）的布波尔古堡。加拉像一位绝对的君主般统治着那里，而我只有得到她的书面邀请后才能去拜访她。在装饰城堡的天花板时我抑制着内心的兴奋与喜悦，因为每当加拉抬起眼睛，便能在空中感受到我的气息。[17]

神圣的达利为他的王后创建了一个王国，只有得到王后的许可，他才能进入这个王国。

20世纪60年代中期，达利对三维艺术和全息技术越来越着迷。他开始研究杰拉德·窦（Gerard Dou）具有立体图像特征的作品。达利希望利用全息技术、立体镜和双成像，通过诱导心理联想来捕捉观众的内外实相。1969年，他为珍宝珠（Chupa Chups）品牌设计了标志，为欧洲电视网设计了海报，并参与了布兰尼夫（Braniff）国际航空公司针对名流的广告宣传活动。1970年，达利在鹿特丹的博伊曼斯·范伯宁恩博物馆（Museum Boijmans van Beuningen）举办了一场大型作品回顾展，并于第二年至德国巴登-巴登美术馆（Staatliche Kunsthalle in Baden-Baden）进行巡展。1970年，达利在巴黎的居斯塔夫·莫罗博物馆（Gustave Moreau Museum）举行了一场新闻发布会，宣布在菲格雷斯建立达利戏剧博物馆。1971年，美国俄亥俄州克利夫兰的达利博物馆引入了雷诺兹·莫尔斯收藏的达利作品。

丹尼斯·伽柏（Dennis Gabor）因发明全息摄影获得1971年诺贝尔物理学奖，这进一步激发了达利对全息技术的热情。同时，塞尔温·利萨克（Selwyn Lissack）也对达利表现出了巨大的兴趣。利萨克的国际全息公司与麦克唐奈·道格拉斯（McDonnell Douglas）合作，生产并销售了第一批用于3D艺术的商业全息产品。利萨克及其同事意识到，他们需要与一位全方位了解全息技术的知名艺术家合作，将全息技术作为一种艺术媒介推广至全世界。利萨克从小就对达利十分着迷，他确信达利是最佳人选。知道达利住在纽约的圣瑞吉酒店后，他便抓住机会联系达利：

> 我做梦也没想到自己有机会和传奇人物达利本人交谈，就在第二天，我居然坐在他的套房里和他谈论全息技术。达利对于就全息技术合作的想法感到异常兴奋，这种媒介赋予了他超越线性空间限制的创作能力，他的酒店套房成了我们的办公室。在接下来的5年里，我们经常碰面，讨论他想实现的各种想法。1971～1976年，达利和我合作完成了7幅全息艺术作品，这些作品后来成了20世纪最重要的全息艺术作品。[18]

他们合作完成的7幅全息作品分别是《艾利斯·库柏的大脑》（*Brain of Alice Cooper*）、《水晶洞穴》（*Crystal Grotto*）、《达利描绘加拉》（*Dalí Painting Gala*）、《全息！全息！委拉斯开兹！伽柏！》（*Holos! Holos! Velázquez! Gabor!*）、《潜艇渔夫》（*Submarine Fisherman*）、《多面体》（*Polyhedron*）和《融化的时钟》（*Melting Clock*）。其中，《融化的时钟》在1975年完成构思，但直到2003年LED技术完善了影像回放系统，作品才真正得以构建起来。

1972年4月，纽约诺德勒画廊（Knoedler Gallery）举办了一场全息影像展，达利展出了作品《全息！全息！委拉斯开兹！伽柏！》，并在《艺术新闻》上发表了一篇同名文章，向伽柏和委拉斯开兹致敬。达利不仅展现了自己运用不同媒介表现同一主题的能力，还通过文章表达了自己对两位大师的强烈情感。[19]

皮乔特家族在达利出生前就对他的生活产生了影响，现在，他们将继续在达利生活中扮演重要角色。艺术家安东尼·皮乔特于1924年出生于菲格雷斯，从1972年开始进入达利的生活。达利听说这位年轻的艺术家在作品中使用了卡达克斯的石头，所以特意前去看了他的作品，很是欣赏。安东尼是佩皮托·皮乔特的侄子，达利有意提携他，于是邀请他一同建造达利戏剧博物馆，后来在这座博物馆举行落成典礼时，达利还在一楼展出了安东尼的作品。[20]

在达利戏剧博物馆正式开幕前一年，也就是1973年，达利举办

1959年5月23日，模特玛德琳·黑格尔（Madelle Hegeler）在纽约展示达利设计的珠宝。

了名为"达利：他的珠宝艺术"的展览。此外，达利还组织了另一个回顾展，该展览先在丹麦宏柏克（Humlebæk）的路易斯安那博物馆（Louisiana Museum）展出，后来又至斯德哥尔摩现代博物馆（Moderna Museet of Stockholm）展出。同年，达利出版了《如何成为达利》（How One Becomes Dali）和《加拉的晚餐》（Gala's Dinners）等书。还是这一年，达利同意与18岁的艺术家杰夫·昆斯（Jeff Koons）会面，昆斯描述了达利是如何启发他的："我记得当我摆弄相机时，他极有耐心，非常慷慨地把自己的时间献给像我这样的年轻艺术家。遇见达利对我意义重大，那天晚上，我在回家的路上对自己说：'我能做到。'艺术可以成为一种生活方式。"多年来，许多评论家质疑达利在其超现实主义巅峰期后创作的作品。对此，昆斯在2005年为泰特美术馆（Tate Gallery）撰写的一篇文章中回应道：

我认为达利的重要之处在于他从主观领域进入了大众领域——这是一项更高的使命。达利与大众的意识是保持一致的，以画作《我已故哥哥的

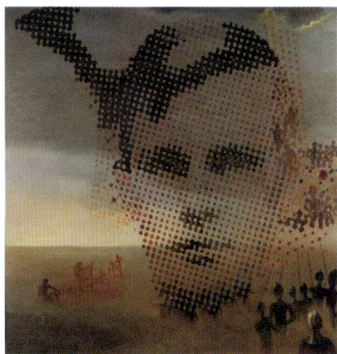

上图：《我已故哥哥的肖像》，1963年，布面油画，175厘米×175厘米，私人收藏。

右图：《摩西与一神论》，1974年，纸上水粉、水彩、彩色粉笔、钢笔和墨水，64.7厘米×49.8厘米，私人收藏。

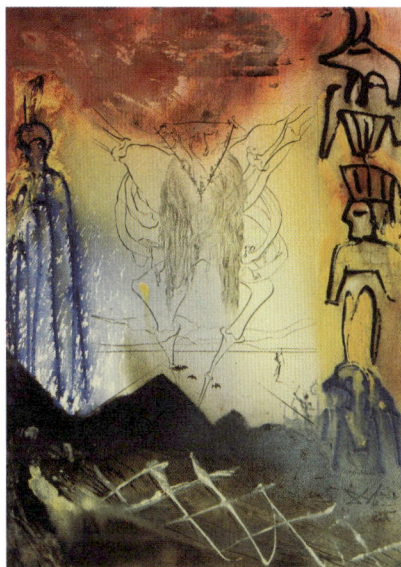

肖像》（*Portrait of My Dead Brother*，1963年）为例，其划时代的意义绝不逊色于沃霍尔的丝网印刷作品。我相信这种风格对许多艺术家产生了巨大的影响。例如，现在的计算机图形学似乎就是基于达利的视觉要素——图像渐变、几何像素和变形发展出来的。达利改变了今天的世界。[21]

1970～1974年，达利与阿丽亚娜·兰瑟尔（Ariane Lancell）进行了一次重要合作，他们初识于1968年。兰瑟尔在2000年8月接受朱利安·布伊索（Julien Bouyssou）的访谈时，谈及自己与达利合作4年间的情景："1968年，音乐剧《长发侠》（*Hair*）首映式结束时，人们纷纷闯入舞台跳舞，我也上去跳了，达利看到我说：'我想认识那个女孩。'"她形容达利"非常害羞"。兰瑟尔出生于巴黎郊区的讷伊（Neuilly），父母都是俄罗斯人。她5岁开始跳芭蕾舞，12岁开始画画，是意大利超现实主义画家莱昂诺尔·菲尼（Leonor Fini）的模特。后来，她进入艺术出版行业，出版了一些20世纪引人注目的艺术书籍，其中包括一些原创版画。达利对这位迷人的红发美女很痴迷，并给她取了

《风宫天花板的中央面板》，菲格雷斯。

个外号"电火花"（Etincelle）。兰瑟尔在出版独特、美丽的艺术书籍的过程中，复兴了许多古老的工艺品，用最新的技术重新赋予它们生命。她出版的珍藏版作品由羊皮、丝绸、缎子、羊皮纸和莎草纸手工制成，现已成为收藏家的抢手货。达利和兰瑟尔首次合作的是西格蒙德·弗洛伊德《摩西与一神论》（*Moses and Monotheism*）的特别版，达利在羊皮上创作了珍贵的平版印刷作品，还写了序言。[22] 在这本书以及他们合作的另一本著作《哲学家的炼金术》（*Alchemy of the Philosophers*）中，我们可以看到一种历史性的创新：每一张羊皮作品上都同时运用了平版印刷、雕版印刷和凸版丝网印刷，同时还镶有宝石。尽管达利的平面作品并不像其他媒介作品那样广受关注，但他本人对重复印刷带来的可能性感到非常兴奋。他认为这是一种新的艺术形式，能让他接触到更多样、更广泛的观众。[23]

1972～1973年，达利再次从他的家乡获得灵感，根据琼·马拉加尔（Joan Maragall）的诗作《埃姆波尔达》创作了一幅画作。这首诗描绘了该地区的特点及其著名的特曼恩塔纳山风。如今，达利的这幅后期杰作《风宫天花板的中央面板》（*Central Panel of the Wind Palace Ceiling*）成为达利戏剧博物馆的一大亮点。达利在利加特港的工作室里绘制了这幅画，而后用巨大的脚手架将它搬运到戏剧博物馆里。在利加特港的工作室里有一扇特别的窗户，达利在设计时已经考虑到了画作的搬运问题，因为在迷宫般的房子里搬运这么巨大的画作是根本不可能的。在画中，达利本人和加拉处于中心位置，让观众感觉这对夫妇正在穿越人生的梦想。画作里还出现了许多熟悉的符号，比如以金币形式出现的货币（达利声称其中一个金币是真的），长着昆虫腿的大象以及一些人物剪影，这些人物以当时的统治者卡洛斯一世国王、索菲亚王后及达利的好友兼摄影师米利多·卡萨尔斯（Melito Casals）为原型。[24] 加拉和达利是最后才画上去的，他们正在观察即将启航的命运之船。

《加拉凝视地中海，在18米远处成为亚伯拉罕·林肯的肖像画（向罗斯科致敬）》，1976年，胶合板上的照片和油画，420厘米×317厘米，达利戏剧博物馆，菲格雷斯。

第十二章：不朽和死亡

显然，其他的世界是存在的。
但是正如我常说的那样，其他的世界存在于我们自己的世界之中，
它们居住在地球上达利博物馆穹顶的正中央，
那里完全是不容置疑的、幻象丛生的超现实主义新世界。

——萨尔瓦多·达利[1]

达利渴望在菲格拉斯建造达利戏剧博物馆，然而西班牙官方的繁文缛节，加上艺术家的某些个人想法，让这个梦想从开始构思到最终建成花费了整整13年。在某个阶段，达利告诉市政府官员，他决定在博物馆里放满自己作品的照片而非原作，因为照片"比原作更好"。该项目的支持者、菲格雷斯前任市长拉蒙·瓜迪奥拉·罗维拉（Ramón Guardiola Rovira）在回忆录中写道："大家都觉得他疯了。"马德里文化部听说这个想法后立即停发了该项目的资金，直到达利做出让步。[2]

项目再次启动，但1974年6月3日，达利不得不接受疝气手术。从表面看来他恢复得很好，但达利夫妇当时的业务经理彼得·摩尔（Peter Moore）在1998年接受《十字架海角在线》（*Cap Creus Online*）的采访时表示："达利在70岁时不得不接受疝气手术，这次手术并不是很成功，在此之前达利的身体一直很棒，但术后他的精神和身体状态每况愈下。"[3]这或许意味着达利开始怀疑自己是否能够安然度过一切。1958年，迈克·华莱士（Mike Wallace）问他："你会不会死亡？"达利回答说："不，我通常不相信死亡，而我绝对不相信达利的死亡。相信我会死几乎是一件不可能的事。"[4]摩尔担任达利的秘书已有20余年，他在接受《十字架海角在线》采访时说："在达利极富创造力的时期，我一直陪伴着他。"[5]然而，1974年，海关在例行检查时曝光

达利向佛朗哥赠送他孙女卡门·博尔迪乌·佛朗哥（Carmen Bordiu Franco）的骑马画像，1972年11月8日。

了达利在数千张空白画纸上签名的著名丑闻，摩尔也被卷入其中。2004年，摩尔因仿制达利作品获刑，当时警方搜查了他的家和工作室，发现了10000幅伪造的达利版画作品。

1974年9月28日，达利戏剧博物馆正式开张，达利梦想成真。种下这颗梦想的种子后，这位伟大的创作者在与瓜迪奥拉的对话中说："除了我的家乡，我最奢侈、最宝贵的作品还可以放在哪里呢？如果不放在这里，我的作品还能放在哪里？市政剧院，或者说它的残存部分令我印象深刻，我觉得这里是建造达利博物馆的不二之选，原因有三点：一是我是一位杰出的戏剧画家；二是剧院就在我受洗教堂的对面；三是我在剧院前厅的大厅里举办了首次画展。"[6]许多人认为达利戏剧博物馆是他最后一件伟大的杰作，正如达利希望的那样，参观达利戏剧博物馆的确是一次全面的超现实主义体验。

彼得·摩尔不再为达利服务后，埃姆波尔达前足球运动员兼记者恩里克·萨巴特（Enric Sabater）如加拉所愿接管了摩尔的工作。但他并未像摩尔那样与达利夫妇保持职业距离，他认为这对老夫妇需要有人陪伴。然而，萨巴特的动机值得怀疑。1975年11月20日，当达利听到佛朗哥的死讯时几乎崩溃。伊安·吉布森在《萨尔瓦多·达利的可耻生活》一书中推测道："达利担心如果君主制解体、左派掌权，那么他可能永远无法回到自己的家乡。"[7]然而，君主制的过渡相对平稳，这对达利来说是一种莫大的安慰。

1976年，达利采用触发感知技术和高低频率的相互作用创作了一幅作品。如果你从不同的视角去观察一张用电脑生成的马赛克照片，就可以看到不同的画面，或许是完整的照片，或许是一整幅马赛克。这种视觉体验基于以下理论：视网膜中的感光接收器实际上是单个光探测器的马赛克，因此从远处你可以看到某个大型的完整图像，但是当你走近图像或眯起眼睛时，你则会在整体中看到不同的图像。[8]达利通过《加拉凝视地中海，在18米远处成为亚伯拉罕·林肯的肖像画（向罗斯科致敬）》[*Gala Contemplating the Mediterranean Sea Which at Eighteen Metres Becomes the Portrait of Abraham Lincoln (Homage to Rothko)*]向1970年自杀的抽象表现主义大师马克·罗斯科（Mark Rothko）致敬。作品由多重色块组成，采用渐变色调，令人联想到罗斯科的色域绘画，同时让人体会到达利对"感知"的痴迷。作品以一张照片为基础，照片是达利在《科学美国人》（*Scientific American*）杂志1973年11月刊的文章《面部识别》（*The Recognition of Faces*）中看到的，作者利昂·D.哈蒙（Leon D. Harmon）以低分辨率的方式再现了5美元纸币上的亚伯拉罕·林肯单色肖像图片，这给予达利创作灵感。[9]随着时间的推移，达利已经把美国这个对他而言第二重要的环境与他的家乡加泰罗尼亚融合在了一起。他在纽约圣瑞吉酒店居住期间创作了这幅作品，除了向罗斯科致敬，也似乎是在向美国致敬：这个国家不仅在战争期间为达利提供了避难所，还令他赚到了他想要的钱。

《达利揭开地中海的面纱向加拉展示维纳斯的诞生》（*Dalí Lifting the Skin of the Mediterranean Sea to Show Gala the Birth of Venus*），超立体主义作品，1978年，布面油画，100.5厘米×100.5厘米（每幅作品），加拉-萨尔瓦多·达利基金会，菲格雷斯。

　　经过多年的痴迷、研究和实践，达利创作了他的首个超立体主义油画作品《达利揭开地中海的面纱向加拉展示维纳斯的诞生》。1978年，达利在纽约的所罗门·R.古根海姆博物馆（Solomon R. Guggenheim Museum）展出了这幅作品。当我们以不同角度从视觉上接收同一物体或场景的两张平面图像时，超立体绘画的效果得以展现。在达利的此类作品中，他创作了几乎一模一样的成对画作，两幅画作的场景中心、焦点和颜色仅有微妙的不同。人类的大脑会自动将这些图像叠加在一起，制造出一种纵深感，从而获得三维体验，就像我们如今在虚拟现实游戏中看到的那样。在这一流派的首幅画作中，达利再次展现了他最喜爱的家乡景观。

　　1978年，达利开始创作《寻找第四维度》（*In Search of the Fourth Dimension*），1979年，他以标志性的达利式精致度完成了该作品，那时他已经75岁了。在画面中，人们可以一眼认出达利家乡的海景以及一个摇摇欲坠的大时钟。然而，与之前的作品《最后的晚餐的圣礼》相比，达利进一步强化了五角星的使用，画面中的五边形似乎既与悬崖融合在

《寻找第四维度》，1979年，布面油画，122.5厘米×246厘米，加拉-萨尔瓦多·达利基金会，菲格雷斯。

一起，又从悬崖表面浮现出来。同年，他被任命为法兰西学院美术学院（Académie des Beaux-Arts of the Institut de Franc）的外籍院士。他发表了一场超现实主义风格的就职演讲，主题广泛，其中包括了他认为佩皮尼昂（Perpignan）火车站是宇宙的中心。在演讲的最后，他兴奋地说："佩皮尼昂火车站和菲格雷斯万岁！"[10]

然而，在获得这一荣誉后不久，达利再度陷入了严重的低谷。加拉遇到了生命中最后的爱人杰夫·芬霍尔特（Jeff Fenholt），《耶稣基督万世巨星》（*Jesus Christ Superstar*）的演员。他在加拉的城堡里待了很长一段时间，加拉也曾远赴纽约观看这位年轻演员的表演。芬霍尔特当时年仅21岁，比加拉小57岁，有一头褐色长发，非常英俊。达利一向容忍妻子的风流韵事，但这次他担心自己会彻底失去她。达利曾说："我要擦亮加拉，让她光芒四射，让她得到最大限度的快乐。我关心她胜于关心自己，因为没有她，一切都将结束。"

1980年2月，住在纽约圣瑞吉酒店的达利夫妇双双染上了严重的流感。达利久久未愈，这让他十分沮丧，因为在此之前他从未长期患病。加拉为达利准备了一些镇静剂和安定来让他保持平静，这些药物的副作用使达利整日昏昏欲睡，于是，加拉又为达利准备了一些安非他命来缓解这个问题。采用这些非处方药物的鸡尾酒疗法一段时间之后，达利的右手和手臂开始剧烈地颤抖。一份医学报告证实了这些症状，指出达利同时吞咽困难和行走困难，并已患有动脉硬化约10年。[11]据达利的医生阿尔伯特·菲尔德（Albert Field）说，达利在没有医嘱的情况下同时服用了这些使人亢奋和令人低迷的药物，造成了不可逆转的脑损伤。[12]3月20日，达利夫妇回到西班牙，但并未返回利加特港，而是去了马贝拉（Marbella）专为富人和名人服务的因卡苏（Incasol）健康农场，他们在那里一直待到了4月中旬。达利的密友娜妮塔去因卡苏拜访达利时受到了巨大的冲击：达利处于极度消沉的状态，瘦得皮包骨头。娜妮塔认为这是萨巴特的错——这个带枪的秘书看似是在保护和协助达利，却暗地里用可疑的方式从达利身上赚了几百万美元。萨巴特固然在达利每况愈下的过程中扮演着一定的角色，但达利的缪斯和妻子加拉也必须承担一部分责任。大约从这时起，达利开始在每次进食前要求司机先试吃他的食物。[13]

德夏恩斯、莫尔斯和律师迈克尔·斯托特（Michael Stout）等达利的好友联合起来，试图将达利从萨巴特的毁灭之手中拯救出来。莫尔斯前往利加特港看望达利，但加拉却将他拒之门外。斯托特和莫尔斯与萨巴特见了面，试图说服他自行离开达利，或许是认为自己暂时赚够了钱，萨巴特表面上同意了他们的请求，但表示需要一段时间。与此同时，萨巴特却让达利卷入了可疑的税务问题。国内外媒体都在指责萨巴特别有用心，不仅利用达利发家致富，还阻止艺术家的朋友去拜访他。5月，达利去巴塞罗那的一家诊所检查身体，但医生得出的结论是：他的问题从本质上来说更偏向于心理问题。达利在6月离开诊所，精神科医生琼·奥比尔斯（Joan Obiols）每周都会来利加特港看望他一次。然而这种情况只持续了几周，7月17日，可怜的奥比尔斯在达利家那只毛绒白熊脚边和加拉说话时，突然死于心脏病发作。更令人奇怪的是，达利的后一位精神科医生在首次拜访达利家时也摔断了腿。

在巴黎乔治-蓬皮杜中心（Centre Georges-Pompidou）举行的达利作品回顾展，1980年1月8日。

　　1979年12月至1980年4月，达利在巴黎乔治-蓬皮杜中心举行了迄今为止最全面的大型回顾展，展出了168幅油画、38件物品、219幅素描和2000份文件，近百万人前来参观。巴黎的展期结束后，该展又移至伦敦泰特美术馆，展出时间为1980年5月14日至6月29日。换作以前，达利夫妇无疑会去伦敦旅行。然而，直到伦敦展结束一段时间后的1980年10月24日，消失于公众视野7个月之久的达利才在达利戏剧博物馆举办了一场新闻发布会。

　　达利夫妇在巴黎共度圣诞，但不幸的是，这位伟大艺术家的身体每况愈下。同年，精神分析学家皮埃尔·鲁梅杰博士（Dr Pierre Roumeguere）在接受采访时说："事实上，达利已经失去了活下去的意愿。他现在呈现出的是一种自杀行为，因为加拉不愿再照顾他了。"[14]当建筑师埃米利奥·普伊格瑙（Emilio Puignau）去莫里斯酒店看望他时，达利说："我完蛋了，我绝望了！你可能已经知道了，他们把我的一切都抢走了！"[15]这个"他们"指的是萨巴特和加拉，加拉对达利的爱

上图：加拉和萨尔瓦多·达利在巴黎，摄于1980年。

第172～173页跨页图：达利戏剧博物馆的梅·维斯厅。

减少了，达利的健康也因此恶化。然而，这种虐待行为并不是单向的。阿尔巴瑞托斯曾亲眼看到达利在加拉面前暴跳如雷、大吼大叫，说加拉把钱浪费在了她的男孩身上。1981年2月17日，在莫里斯酒店，达利绝望地向萨巴特寻求帮助。这位艺术家的一个眼眶被打得发黑，但加拉的情况更糟，她四肢有严重的瘀伤，两根肋骨骨折。[16] 3月18日，萨巴特终于离开了达利。[17]

　　萨巴特离开后，罗伯特·德夏恩斯接任了达利的秘书一职，开始着手解决萨巴特造成的税务问题及相关法律工作。1981年7月6日，达利夫妇从佩皮尼昂回到西班牙。不久后，加泰罗尼亚总理和西班牙国王夫妇来看望达利，来自祖国的热情欢迎使这位患病的艺术家重新振作了起来。在这段时间里，达利继续探索着他长久以来的爱好：古老艺术大师的作品、光学幻觉和科学。在达利的一些晚期作品中，我们可以看到委拉斯开兹和米开朗琪罗对他的影响。同年，由莫尔斯夫妇拥有的萨尔瓦多·达利博物馆在佛罗里达州的圣彼得堡落成。

1981年12月，加拉接受了胆囊手术并顺利康复。然而两个月后，她在楼梯上摔了一跤，两天后又在浴缸里滑倒，摔断了一根股骨。刚动完手术的加拉因此出现了严重的并发症，但她幸运地挺了过来。回到利加特港后，加拉拒绝进食、目光呆滞，她的女儿塞西尔来看望她，但被加拉和达利拒之门外。这对夫妇改变了遗嘱，加拉试图剥夺她女儿的遗产继承权，这在西班牙是违法的。1982年6月10日，加拉于利加特港去世。她生前希望能死在城堡里并被葬在那里，为了满足她的愿望，达利和随从们营造出加拉死于城堡的假象，并不惜违背瘟疫法，将加拉的尸体从利加特港运至城堡中。加拉的尸体被裹在毯子里，竖直地放在1969年的那辆凯迪拉克德·维尔车的后座上，看起来就像她还活着一样。

尽管加拉死后有传言说达利会继续回到利加特港画画，但达利从未这么做过。精神病学家卡洛斯·巴卢斯（Carlos Ballus）曾前往"加拉-达利"城堡为达利治疗，他得出的结论是："加拉的死标志着一个时代的终结，达利似乎放弃了自己……逆反、幽禁和放弃的过程已经显现出来，对达利而言，失去加拉让他无比伤感。"[18]达利放弃画画，常常会合上百叶窗，把自己关在餐厅里。根据罗伯特·德夏恩斯的说法，达利似乎想通过脱水来自杀。很明显，达利的意图是回归蛹的状态，他觉得这能使自己永垂不朽。[19]

1982年7月，西班牙国王任命达利为布波尔侯爵，并授予他查尔斯三世大十字勋章（Grand Cross of the Order of Charles III），这是西班牙最高等级的勋章。9月，在西班牙政府的安排下，1211件达利作品从纽约空运回巴塞罗那。到了1983年初，达利似乎振作了一点，重新开始画画，但不幸的是，他经常感到沮丧和愤怒，他会把画笔扔在地上，有时还会撕毁画布。在这个阶段，他选择在半黑暗的环境中作画。[20]这个略微好转的阶段只持续到了2月底，达利日益恶化的心理健康对他产生了越发

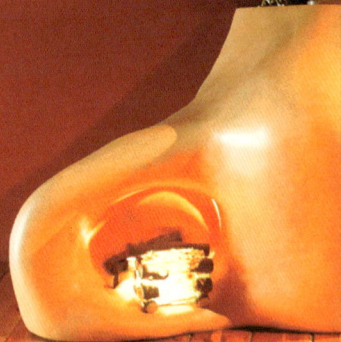

菲格雷斯的达利戏剧博物馆，装饰着面包、面饼和巨大的鸡蛋。

严重的影响。1983年5月后，这位伟大的创作者很长一段时间都没有再拿起画笔，他躺在床上，独自在黑暗中哭泣，似乎在等待着死亡的来临。当达利偶尔头脑清醒、充满热情地谈论新项目时，他仿佛找回了过去的状态。1984年5月12日，也就是达利80岁生日前后，他持续了一段时间的良好状态，并有望继续改善。此前，除了一种特制的薄荷冰糕，他一直拒绝进食，但这次他开始吃煎蛋卷，甚至还喝了一杯葡萄酒。到了6月，达利的身体有了很大的好转，在别人的陪伴和帮助下，他甚至可以到达利戏剧博物馆待上几个小时。1983年，名为"萨尔瓦多·达利：1914~1983年间的400幅作品"（400 works by Salvador Dalí from 1914 to 1983）的重要作品展分别在马德里、巴塞罗那和菲格雷斯举办。

在布波尔，达利仍关注和支配着他"王国"里的工作人员，他经常会按铃呼唤他们，无论白天还是晚上，天气好的时候更是如此。不断的铃声激怒了城堡里的工作人员，他们把铃声换成了蜂鸣器，蜂鸣器连着一盏灯，以便护士能及时去照顾达利。1984年8月30日晚，达利感到沮丧并不断地按压蜂鸣器，致使供电系统短路，巨大的四柱床被火点燃。护士立刻报了警，德夏恩斯赶来时发现达利在烟雾中正向卧室的门口爬行。由于这次火灾，达利的皮肤遭受了80%的烧伤，需要进行皮肤移植。但令人意想不到的是，达利通过插管进食恢复了健康，甚至体重也有所增加。出院后，达利住进了戏剧博物馆的加拉楼（Torre Galatea），再也没有回到城堡。1985年2月，他身体康复并接受了西班牙顶级报纸之一《国家报》（El Pais）的热情采访。尽管达利年事已高、身体抱恙，但他的精神不错，甚至还在1986年画了几幅画作为礼物送人，其中包括胡安·卡洛斯（Juan Carlos）国王。达利不再闭关自守，他十分欢迎人们去拜访他。同年，达利接受了《名利场》（Vanity Fair）杂志的拍摄和采访。

不幸的是，达利的能量在第二年逐渐溜走了。从1987年起，达利只想和他的朋友兼合作者安东尼·皮乔特、忠实的仆人阿图尔·卡米纳达（Artur Caminada）以及罗伯特·德夏恩斯待在一起。达利大部分时间都在睡觉，精神和身体正在逐渐消弥。他享受着每天清醒的几小时，听着曾在马克西姆餐厅里播放的旧唱片，回忆在巴黎的快乐时光。1988年11月，达利患上了心力衰竭，被送往巴塞罗那的奎伦（Quiron）诊所，他让人在病房里放了一台电视机，看到了他即将去世的新闻报道。胡安·卡洛斯国王于12月5日拜访了达利，这使他精神振奋，他告诉国王自己即将恢复健康，重新开始绘画。然而，他的达利精神和精力已经消耗殆尽，虽然达利的确于12月回到了达利戏剧博物馆，但他很快被再次送回诊所，并于1989年1月23日在诊所去世。按照达利的要求，他的尸体被送回达利戏剧博物馆进行防腐处理。在下葬前，达利在那里庄严地躺了几天。他的遗体躺在他人生首次办展的地方，这个地方也是如今游客欣赏达利文化遗产精彩巅峰绝佳地点。

达利在卡达克斯的家附近，身披海藻，《与萨尔瓦多·达利的一天》（*A Day with Salvador Dalí*）中的图片，《图画邮报》杂志（*Picture Post*），1955年1月8日。

第十三章：达利式神话

一个私密的人，一个隐藏在层层洋葱皮般伪装下的迷人的男人。

——伊安·吉布森

浮夸的传奇人物萨尔瓦多·达利留下了丰富的遗产，他的私人生活和创作事业都是超现实的。1929年，这位伟大的创作者在他的自传式画作《伟大的自慰者》中为自己绘制了自画像，他留给这个世界的谜题和他一生中留下的谜题一样多。

达利晚年自称为"神圣的达利"。尽管萨尔瓦多·达利有着超人的天赋，但人无完人，他和其他人一样有缺点。达利在一生中遭受了许多恐慌和恐惧，如同其他创意工作者一样，他一直在理智和疯狂的微妙界限边徘徊。1929年，在加拉进入达利的生活并拯救他之前，他深深地害怕自己会发疯。后来，当他感受到加拉的爱正在动摇时，他努力地通过创作去抗争。一方面，他的偏执狂批判法使他能够创作出自己钟爱的作品；另一方面，他的恐慌可能会伤害到他自己。达利的偏执和恐慌有可能遗传自他的祖父加尔，后者不幸地结束了自己的生命。达利是一位如此重要、如此多产的艺术家，他疯狂的这一面也应当被视为遗产的一部分。达利曾说："我和疯子的唯一区别是，我没有疯。"这似乎在提醒其他创意工作者，这个微妙的界限既是祝福又是诅咒，可以观察和运用，但最好不要逾越。在1929年遇见加拉之前，达利就已经公开承认了潜在疯狂对他的威胁。

达利和加拉的关系不同寻常，加拉不仅是他的缪斯和妻子，也是他最重要的力量来源。如果研究达利的生活和作品就不难发现，达利还有

左图：达利在汉普顿庄园描绘加拉，弗吉尼亚州，1940年。

右图：加拉·达利在卡达克斯，《与萨尔瓦多·达利的一天》，《图画邮报》杂志，1955年1月8日。

第二个力量来源，使他扎根于大地并激发他永不枯竭的创造力，即他心爱的加泰罗尼亚当地景观。许多人对达利给予佛朗哥的支持感到厌恶，但达利对佛朗哥表示支持是否可能出于他对家乡的留恋？毕竟达利需要与自己永恒的灵感相连，那是世界上唯一能让他感知到被爱的地方。达利是一位伟大的表演艺术家，我们无法知晓他的支持是出于真诚还是纯粹的实用主义，又或是两者兼有。很明显，达利深知自己需要有充足的时间浸润在家乡的环境中，这些景色能"制约和刺激画家，我甚至敢说，这让他有了自己的身份。达利完全认同这一点"。[1]《卫报》艺术评论家乔纳森·琼斯甚至将达利与家乡间的联系描述为一种美德："最后，忠实于他的加泰罗尼亚风景成了达利唯一的优点。"[2]达利对当地景观的深刻认同和联系与土著居民或美洲原住民相类似，他强调了特殊环境在创造、培育精神层面上的重要性。

但达利的身份究竟是什么？他的公众形象又是怎样的？是喜欢抱着一根两米长的面包取笑媒体，鼓励粉丝质疑他们所知的世界，还是开着一辆装满花椰菜的劳斯莱斯汽车入场？又或者像他的密友娜妮塔·卡拉什尼科夫描述的那样，萨尔瓦多·达利是"一个私密的人，一个隐藏在

左图：达利在利加特港的小型工作室。

右图：达利在利加特港的房间一隅。

层层洋葱皮般伪装下的迷人的男人"³？ 达利的形象并不是唯一且局限的，他是一名表演艺术家，从早年开始他就一直在这方面努力，但当时他承认自己很胆小，不敢做一些大胆的事。达利有着过人的智慧和敏锐的嗅觉，他创作出的作品有时非常时髦，但反响却差强人意。他声称活跃在媒体报道中的达利本人和达利作品是不可分割的，这里的作品也包括他用来完成宣传噱头的表演艺术。达利树立起了自己的艺术品牌，将本人与作品无缝对接。从这个意义上来说，达利是安迪·沃霍尔最重要的行为榜样，随着时间的推移，他们互相从对方身上汲取灵感。⁴

　　萨尔瓦多·达利在各种创意媒介上的巨大产出也向全世界和其他艺术家表明，艺术才华不必局限于单一媒介。达利早期的电影作品帮助他探索和锐化了他的视觉形象；他的文稿、电影、绘画、超现实主义装置、全息创作、雕塑、时尚、珠宝和芭蕾舞戏服设计则体现了他独一无二的艺术符号与艺术魅力。达利广泛涉猎各种领域和产品，这种做法如今司空见惯，在当时却是具有开创性的，它能使创意更为深远，同时能进一步建立艺术家的个人品牌。这不禁让人联想到现在的香水行业，以及那些创造了自主香水或须后水品牌的设计师们。

达利穿着自己设计的金色羊皮套装出现在《GQ》杂志封面上，1963年10月。

然而，达利多产的作品以及他对不同风格及媒介的尝试很可能对他的声誉产生了负面影响，他对金钱的过度热爱更让他陷入非议。2012年，巴黎乔治–蓬皮杜中心举办了一次规模空前、内容丰富的达利回顾展，试图全面客观地展现达利的超现实主义黄金时期与评论家眼里糟糕的商业阶段，展出的200件展品中包括油画、电影、雕塑和装置艺术，旨在展示达利的内心世界。《暂停》（*Time Out*）巴黎版杂志访谈的最后一段总结得相当精彩：

> 本次展览完全没有隐藏达利多面性的本质，巧妙地展示了他从梦幻般的具象艺术到更现代、更概念性、更戏剧性艺术的完整历程。虽然达利采用了不同的呈现方式，但从整体来说，他的幽默始终如一，有着深刻的连贯性。许多艺术家宣称"艺术就是生活"，但鲜见有人吸纳这个观念并将之转变成一场声势浩大的化装舞会，舞会中满是喜悦的狂妄和专横的任性。在达利令人难忘的胡子后面，他的生活就像是一场持续了近一个世纪的化装舞会。[5]

达利的作品和遗产值得思考，他的创作意图和达利本人应作为一个整体来综合考量。他用尽一生充满激情地去创造、学习和实验，他知道，创造的过程就是一场探索和发现的旅程。达利的案例将鼓励其他创意工作者沿着这条路走下去，让他们的创造力成为一种探索。

这个古怪、家喻户晓的艺术家，其艺术基础大部分源于他对古典大师如饥似渴的研究，正是这些研究成就了他超凡的达利式精致画艺。在达利尝试多种创作风格的几十年里，他始终如一地保持着对古典大师的尊重，在他职业生涯的晚期，他再度被古典大师吸引，回归到对他们的迷恋中。达利启发了许多艺术家走上同样的道路：学习和欣赏前辈大师的精湛技艺，同时寻找自己独特的诠释方式和艺术风格。

对古典大师作品的研究和沉浸赋予达利足够的空间来做自己喜欢的事：把世界颠倒过来，从内在世界走向外在世界，激发观众的潜意识。正是他那精心雕琢的笔触与他最钟爱的象征图案的相互嫁接，才使他得

达利在利加特港居所的鸽棚外作画。

以将梦境展露无遗。尽管他不是超现实主义的官方领袖，但在国际舞台上，他不仅被认为是超现实主义的先驱，还被认为是潜意识的先知——他敢于想常人之不敢想。达利的作品鼓励其他艺术家在创作中表达神秘感、个性和情感，他在雕塑中广泛使用了并置的物品，撼动了雕塑传统元素的规则，为约瑟夫·康奈尔等艺术家铺平了道路。当然，他对超现实主义风格作品的影响也是十分巨大的，他的艺术遗产已经通过一系列的视觉光谱艺术、当代幻境艺术和数字艺术传播开来。正如杰夫·昆斯所写："我认为达利的重要之处在于，他从主观领域进入了大众领域——这是一项更高的使命。达利与大众的意识是保持一致的。"[6]

达利不仅影响了许多艺术家，他作品中呈现出的超现实主义和精神分析的结合，还使人们得以毫无保留地拥抱"人类荣耀"，拥抱自己的潜意识。正如艺术评论家爱德华·奥尔登·朱厄尔所说："达利最终将无意识人性化了。"[7]

从根本上说，没有什么地方比在达利的家乡加泰罗尼亚更适合欣赏他的作品了，但你一定要带上自己的潜意识。从他的家乡菲格雷斯开

达利在利加特港居所门外，1969年。

始：在这里，你可以感受到这位超现实主义艺术家一生的轮回：达利出
生在这里，他的第一间工作室和第一堂艺术课在这里，他70岁时创建的
达利戏剧博物馆在这里，甚至他最终也沉睡在这片土地中，胡须完好无
损。在达利戏剧博物馆你能欣赏到达利最广泛的作品。许多专家认为，
如果将博物馆视为一个整体，那么达利戏剧博物馆是达利最后的伟大杰
作。正如达利所愿，参观者将沉浸于一种完整的超现实主义体验中，这
一瞬间他们还在欣赏一件伟大的艺术作品，而下一刻他们又将直接面对
怪异甚至庸俗的视觉大师作品。

　　如果可能的话，我建议你在利加特港停留几天，感受一下达利永恒
的灵感来源之地。利加特港的住所兼工作室是达利精神的延续，它的建
设历时42年，达利认为它"如同一个真正的生物结构"。从有着大白熊
的客厅进入后，各个空间相继打开，走廊连接着整个迷宫般的建筑。利
亚特湾的工作室有着不同大小和形状的窗户，室内空间充满了物品、装
饰、建筑的活力和挥之不去的记忆。在这个空间游走，你甚至会产生一
种错觉：达利还在人世。这也是达利夫妇接待许多知名和有趣访客的地
方，正如达利所说："利加特港是我的生产场所，是我创作作品的理想
场所。在这里，一切都顺理成章：时间过得很慢，每个小时都有自己的
维度。这里有一种地质上的平静，这是一个独特的行星案例。"[8]在梦幻
般的夏日小镇卡达克斯步行15分钟后，你就会对克雷乌斯角自然公园和
埃姆波尔达平原充满戏剧性的景观惊叹不已，并从中获得灵感。

　　位于布波尔的"加拉-达利"城堡，是著名的"达利三角"的第三个
点。达利认为这是完成利加特港居所修复工作后的延续，但与其他两个
点相比，这个场所更多的是彰显出加拉的个性。尽管达利在城堡翻新过
程中执掌了一些精巧的设计，但除了加拉去世后他在那里度过的悲伤岁
月，这里一直是加拉的领地。城堡的重要性在于，在这个浪漫而简朴的
环境中，我们可以欣赏到达利的创造力，同时，或许还会惊叹于这个事
实：达利是多么热爱和需要加拉，才会为她买下这座城堡，并且只有在
收到她的书面邀请后才会来这里拜访她。

达利在利加特港的居所，1960年。

萨尔瓦多·达利的出生极具超现实主义特色，他被告知自己是死去哥哥的转世。随着时间的流逝，在他后来的生活中，最重要的几段关系让他变得更加超现实主义。达利花了几十年扮演一个疯狂的表演艺术家，同时创作出了毫无疑问的杰作。他留给我们的超现实主义艺术遗产弥漫在我们周围——我在孩童时期并不知道达利这个名字，但已经知道了他的作品，因为他的作品在全世界范围里广为人知。也许达利是对的，他说："下个世纪，当孩子们询问佛朗哥是谁，他们会得到这个答案——他是达利时代的一个独裁者。"[9]现在，达利的时代还在继续，正如他作品中融化的时钟。与萨尔瓦多·达利的艺术遗产一样，这些时钟慢慢融化进了埃姆波尔达的风景中，产生了一种永恒的感觉。融化的时钟就像它们的创造者一样神秘莫测，达利——一个用一生创造了属于自己神话的人，离世后留下了一连串问号。我们不禁要问，如果达利脱离了埃姆波尔达，那么他是否还能充分发挥自己的潜力？他的艺术和根基深植于他热爱的家乡那独特的风景、光线和色彩之中[10]，我们似乎无法把这位伟大的创造者及其创意作品与他的家乡风景割离开来。

对页上图：利加特港居所里的游泳池。

对页下图：雕塑花园。

《玫瑰》（*The Rose*），布面油画，37.5厘米×30厘米，私人收藏。

大事年表

1817年	达利的高祖父佩里·达利·拉古尔迁往卡达克斯。
1849年	7月1日，达利的祖父加尔·约瑟普·萨尔瓦多在卡达克斯出生。
1872年	10月25日，达利的父亲萨尔瓦多·拉斐尔·安尼西托在卡达克斯出生。
1881年	为了躲避特曼恩塔纳山风，加尔举家迁往巴塞罗那。
1886年	4月16日，加尔自杀。
1893年	达利的父亲加尔从巴塞罗那大学法律系毕业。
1900年	达利的父亲搬回了加泰罗尼亚的阿尔特-埃姆波尔达，并与费莉帕·多梅内奇·费雷斯结婚。
1901年	10月12日，达利的哥哥萨尔瓦多出生。
1903年	8月1日，达利的哥哥萨尔瓦多夭折。
1904年	5月11日，萨尔瓦多·达利出生。
1908年	1月6日，达利的妹妹安娜·玛利亚出生，达利就读于菲格雷斯市立小学。
1909年	达利的父母告诉达利，他是死去哥哥的转世。

1910年	达利创作出已知的首张作品《菲格雷斯附近的风景》。 在基督教兄弟学院就读。
1912年	达利在新的家庭公寓里建立了他的第一间小工作室。
1913年	达利在他的迷你工作室里创作了一系列小型风景画作。
1916年	夏季，在埃尔·莫勒·德拉托雷的皮乔特家度过。 秋季，在菲格雷斯学院的胡安·鲁涅兹·费尔南德斯的指导下学习绘画。
1919年	达利参加首个群展，展出地点位于菲格雷斯学院主剧院的音乐会社团。
1920年	在卡尔穆哈拉街4号租了一间工作室。
1921年	2月，达利的母亲去世。
1922年	9月，达利参加了圣费尔南多皇家美术学院的入学考试。
1923年	与费德里科·加西亚·洛尔迦、路易斯·布努埃尔结下深厚的友谊。 秋季，被圣费尔南多皇家美术学院停学一年。
1924年	5~6月，入狱。 秋季，重返圣费尔南多皇家美术学院。
1925年	"洛尔迦时期"开始。 11月，在巴塞罗那的达尔莫画廊举行了首次个展。
1926年	4月，首次去巴黎旅行，与毕加索见面。 6月，被学院开除，回到菲格雷斯。

1927年	9个月的义务兵役。
1929年	与布努埃尔合作超现实主义电影《一条安达鲁狗》。 在巴黎遇见加泰罗尼亚艺术家胡安·米罗。 创作了《伟大的自慰者》《悲惨游戏》。 9月，与加拉·艾吕雅相恋。 11~12月，在巴黎举办首次个展。
1930年	《看得见的女人》由超现实主义出版社出版。 第二次与布努埃尔合作电影《黄金年代》。 3月，在利加特港买了一间小渔村。
1931年	在巴黎皮埃尔·科勒画廊举办首次画展。 创作《记忆的永恒》。 出版《爱情和记忆》与《白日梦》。
1932年	1月，"超现实主义：绘画、素描和照片"展在纽约朱利恩·列维的新画廊开幕。 完成《液体欲望的诞生》。出版《巴巴奥》。 7月，达利夫妇搬至瑟拉别墅，经历了经济危机。
1933年	6月19~29日，在巴黎皮埃尔·科勒画廊参加群展，随后在那里举办了个展。 11月21日~12月8日，在朱利恩·列维画廊举行首次个展。
1934年	1月，与加拉举办民事婚礼。 10月，巴塞罗那发生政治暴动。 11月，达利夫妇远渡美国。
1935年	与父亲初步和解。 7月，出版《非理性的征服》，解释了偏执狂批判法，创作了《一个偏执批判小镇的郊外》。

秋季，达利夫妇遇到爱德华·詹姆斯并一起去意大利旅行，住在拉韦洛的西布隆别墅。

1936年　　　　　达利夫妇在利加特港又买了一间渔夫小屋。

在伦敦新伯灵顿画廊的超现实主义国际展中举办展览。

为爱德华·詹姆斯创作了《龙虾电话》。

7月17日，西班牙内战爆发。

8月19日，法西斯行刑队杀害洛尔迦。

1937年　　　　　参观好莱坞。

完成画作《纳喀索斯的变形》和《天鹅映象》。

1938年　　　　　参加超现实主义国际博览会，展出了他精心设计的超现实主义装置作品《雨中的出租车》。

9月，住在可可·香奈儿位于法国里维埃拉的拉帕萨别墅。

1939年　　　　　4月1日，西班牙内战结束。

为纽约世界博览会设计"维纳斯之梦"展馆。

为芭蕾舞剧《酒神节》设计布景和服装。

1940年　　　　　德国军队进入法国波尔多地区后，达利夫妇逃往美国。

1941年　　　　　在朱利恩·列维画廊举办画展，评论家质疑达利向古典主义的转变。

夏季，达利在蒙特里的德尔蒙特酒店度过了首个夏天。

9月2日，举办化装舞会"奇幻森林中的超现实主义之夜"。

1942年　　　　　出版自传《我的秘密生活》。

1944年　　　　　出版小说《隐藏的面孔》。

创作《在醒前一秒因蜜蜂围着石榴飞而引起的梦》。

1945年	9月，与希区柯克合作电影《爱德华大夫》中的梦境场景。
	11月20日～12月29日，在纽约的比纽画廊举办展览"萨尔瓦多·达利的新作"。
	发布了第一期恶搞风格的《达利新闻》。
1946年	创作《圣安东尼的诱惑》。
1947年	11月25日～1948年1月5日，在纽约比纽画廊举办第二次画展。
1948年	出版《成为画家的五十个神奇奥秘》。
	7月，达利夫妇从美国回到加泰罗尼亚。
1949年	创作宗教主题作品《利加特港的圣母》。
	夏季，为三部舞台剧设计服装与布景。
	11月，达利夫妇前往罗马与教皇皮乌斯十二世会面。
	12月，达利的妹妹安娜·玛利亚出版回忆录《妹妹眼中的萨尔瓦多·达利》。
1950年	夏季，为但丁的《神曲》创作插图。
	9月22日，达利的父亲萨尔瓦多·拉斐尔·安尼西托去世。
	10月，在巴塞罗那发表演讲"为什么我是亵渎神明的，为什么我是神秘的"。
1951年	创作《十字架上的圣约翰基督》。
	4月，将巴塞罗那的演讲稿结集成书，出版《神秘主义宣言》。
	发表了"毕加索和我"的著名演说。
1952年	在美国发表了一系列核神秘主义技术的讲座。
1954年	与菲利普·哈尔斯曼合作出版《达利的胡子》。

1955年	2月，遇见了他的好友娜妮塔·卡拉什尼科夫。 4月30日，达利在巴黎文森纳动物园写生一头犀牛。
1956年	6月16日，佛朗哥在埃尔巴尔多皇宫接见达利。 在巴塞罗那奎尔公园发表演讲向高迪致敬，同时现场创作。 出版条约《过时的现代艺术的不贞》。
1957年	沃尔特·迪士尼前往利加特港拜访达利。
1958年	达利在罗马再度"重生"。 8月8日，达利和加拉在埃尔斯天使神社举行婚礼。
1959年	5月，与教皇约翰二十三世的私人会见。 巴黎与纽约展示装置作品《Ovocipède》。
1960年	4月，与菲利普·哈尔斯曼合作了视频《混乱与创造》。
1963年	创作《半乳糖苷核酸》。
1964年	加拉与曾经的瘾君子威廉·罗斯莱恩开始了一段恋情。 《每日新闻》（*Mainichi Newspapers*）在东京组织了达利回顾展。 出版《天才日记》。
1965年	达利遇见了他的缪斯兼朋友阿曼达·里尔。 安迪·沃霍尔在《试镜》（*Screen Tests*）系列里拍摄了达利。
1966年	出版《给萨尔瓦多·达利的公开信》（*Open Letter to Salvador Dalí*），包含33幅插图。 阿兰·博斯奎特（Alain Bosquet）的《与萨尔瓦多·达利的对话》（*Entretiens avec Salvador Dalí*）出版。

1966年～1967年　　创作画作《金枪鱼捕捞》。

1968年　　3月27日～6月9日，在纽约现代艺术博物馆参加多人展览，展品的风格横跨了达达主义和超现实主义。

1969年　　达利在布波尔为加拉买了一座城堡，然后对其进行了修缮。

1970年　　在巴黎的居斯塔夫·莫罗博物馆举行新闻发布会，宣布在菲格雷斯建立达利戏剧博物馆。

1971年　　雷诺兹·莫尔斯收藏的达利作品在美国俄亥俄州克利夫兰的达利博物馆揭幕。

1972年　　在纽约诺德勒画廊举办全息影像展，展示了达利的作品《全息！全息！委拉斯开兹！伽柏！》。

1973年　　在达利戏剧博物馆举办"达利：他的珠宝艺术"展览。
加拉开始了与杰夫·芬霍尔特的一段恋情。

1974年　　9月28日，达利戏剧博物馆正式开幕。
达利赝品丑闻曝光。

1975年　　为《罗密欧与朱丽叶》创作了10幅版画。
11月20日，佛朗哥将军去世。

1978年　　在纽约的所罗门·R.古根海姆展出画作《达利揭开地中海的面纱向加拉展示维纳斯的诞生》。

1979年　　被聘为法兰西学院美术学院的外籍院士。
在巴黎乔治-蓬皮杜中心举行大型回顾展。

1980年	开始由加拉管理达利的药物，这可能导致达利不可逆转的脑损伤。 5月14日～6月29日，在伦敦泰特美术馆举行回顾展。
1981年	接待加泰罗尼亚总理和西班牙国王及王后的拜访。
1982年	1月，胡安·卡洛斯国王任命达利为布波尔侯爵，并授予他查尔斯三世大十字勋章。 萨尔瓦多·达利博物馆在佛罗里达州的圣彼得堡开幕。 6月10日，加拉去世。
1983年	达利完成最后一幅画作《燕子的尾巴：灾难系列》（*The Swallow's Tail-Series on Catastrophes*）。 在马德里、巴塞罗那和菲格雷斯举办大型展览"萨尔瓦多·达利：1914～1983年间的400幅作品"。
1984年	布波尔城堡失火后，达利永久地搬至菲格雷斯达利戏剧博物馆的加拉楼。
1989年	1月23日，萨尔瓦多·达利在菲格雷斯去世。

尾注

第一章：根和成长环境

1　吉尔斯·内雷特，《达利》，塔森（Taschen）出版社，科隆，2004年，第8页。

2　梅瑞狄斯·埃瑟林顿-史密斯，《达利》，辛克莱尔·史蒂文森（Sinclair Stevenson）出版社，伦敦，1992年，第9页。

3　伊安·吉布森，《萨尔瓦多·达利的可耻生活》，费伯和费伯（Faber and Faber）出版社，伦敦，1997年，第8页。

4　《关于达利和他在利加特港工作室的纪录片》，加拉-萨尔瓦多·达利基金会，2017年7月1日，网址：https://www.salvador-dali.org/en/services/press/news/343/documentary-on-dali-and-his-studio-in-portlligat。

5　伊安·吉布森，《萨尔瓦多·达利的可耻生活》，第3页。

6　克利福德·瑟罗（Clifford Thurlow），《性、超现实主义、达利和我：卡洛斯·洛萨诺回忆录》（Sex, Surrealism, Dali and Me, The Memoirs of Carlos Lozano），黄湾（YellowBay）图书公司，2011年，第15页。

7　瑞秋·波拉克（Rachael Pollack），《萨尔瓦多·达利的塔罗牌》（Salvador Dali's Tarot），迈克尔·约瑟夫（Michael Joseph）出版社，伦敦，1985年。

8　伊安·吉布森，《萨尔瓦多·达利的可耻生活》，第5页。

9　《萨尔瓦多·达利》，泰特美术馆，伦敦，网址：http://www.tate.org.uk/art/artists/salvador-dali-971。

10　伊安·吉布森，《萨尔瓦多·达利的可耻生活》，第18页。

11　伊安·吉布森，《萨尔瓦多·达利的可耻生活》，第21页。

12　梅瑞狄斯·埃瑟林顿-史密斯，《达利》，第9页。

13　帕特里斯·卓别林（Patrice Chaplin），《门户：初探雷恩城堡秘密的旅行》（The Portal: An Initiate's Journey into the Secret of Rennes-le-Château），探索（Quest）图书公司，2010年，第255页。

14　伊安·吉布森，《萨尔瓦多·达利的可耻生活》，第22页。

15　梅瑞狄斯·埃瑟林顿-史密斯，《达利》，第310页。

16　萨尔瓦多·达利，《我的秘密生活》，多佛（Dover）出版社，纽约，1993年，第27页。

17　卡米拉·科索尔科瓦斯基（Kamila Kocialkowska），《你所不知的关于萨尔瓦多·达利的五件事》（Five things you didn't know about Salvador Dali），《新政治家报》（New

Statesman），2012年11月20日刊。

18　萨尔瓦多·达利，《我的秘密生活》，第1页。

19　萨尔瓦多·达利，《我的秘密生活》，第10页。

20　梅瑞狄斯·埃瑟林顿-史密斯，《达利》，第4页。

21　萨尔瓦多·达利，《我的秘密生活》，第12页。

22　萨尔瓦多·达利，《我的秘密生活》，第5页。

23　同上。

24　萨尔瓦多·达利，《我的秘密生活》，第1页。

第二章：无与伦比的美和视觉幻象

1　克里斯蒂娜·朱杰（Cristina Jutge），《青少年艺术家的肖像》（*Portrait of the Adolescent Artist*），加拉-萨尔瓦多·达利基金会，2005年9月12日。

2　萨尔瓦多·达利，《萨尔瓦多·达利的秘密生活》，第36～37页。

3　萨尔瓦多·达利，《萨尔瓦多·达利的秘密生活》，第40页。

4　同上。

5　萨尔瓦多·达利，《我的秘密生活》，第40页。

6　萨尔瓦多·达利，《我的秘密生活》，第41页。

7　同上。

8　同上。

9　克里斯蒂娜·朱杰，《青少年艺术家的肖像》，加拉-萨尔瓦多·达利基金会，2005年9月12日。

10　罗伯特·德夏恩斯（Robert Descharnes）与吉尔斯·内雷特，《萨尔瓦多·达利》，塔森出版社，科隆，1993年，第8页。

11　萨尔瓦多·达利，《成为画家的五十个神奇奥秘》，多佛出版社，纽约，2015年，第61～62页。

12　萨尔瓦多·达利，《我的秘密生活》，第63页。

13　萨尔瓦多·达利，《我的秘密生活》，第64页。

14　萨尔瓦多·达利，《我的秘密生活》，第66页。

15　伊安·吉布森，《萨尔瓦多·达利的可耻生活》，第40页。

第三章：一个志向远大的世界

1　格雷厄姆·基利（Graham Keeley），《达利的巴塞罗那波希米亚》（*Dalí's Bohemian Barcelona*），《纽约时报》，2007年6月2日。

2　萨尔瓦多·达利，《我的秘密生活》，第71页。

3　同上。

4 萨尔瓦多·达利，《我的秘密生活》，第77页。

5 伊安·吉布森，《萨尔瓦多·达利的可耻生活》，第47页。

6 萨尔瓦多·达利，《我的秘密生活》，第77页。

7 萨尔瓦多·达利，《我的秘密生活》，第88～89页。

8 萨尔瓦多·达利，《我的秘密生活》，第140页。

9 萨拉·雷格·诺伊斯（Sala Reig Neus），《拉蒙·雷格和萨尔瓦多·达利：两位当代画家对埃姆波尔达风景与"埃姆波尔达精神"的传记巧合与艺术类比》（*Ramón Reig and Salvador Dalí: Biographical Coincidences and Artistic Analogies Between Two Contemporary Painters Attached to the Empordà Landscape and to the 'Empordanese Spirit'*），西班牙巴塞罗那，《艺术创意研究》（*Research, Art, Creation*），第272～299页。

10 伊安·吉布森，《萨尔瓦多·达利的可耻生活》，第53页。

11 萨尔瓦多·达利，《我的秘密生活》，第116页。

12 萨尔瓦多·达利，《我的秘密生活》，第124页。

13 萨尔瓦多·达利，《我的秘密生活》，第127页。

14 蒂姆·麦克尼斯（Tim McNeese），《萨尔瓦多·达利》，波利格拉芙（Poligrafa）出版社，马德里，2003年，第36页。

15 梅瑞狄斯·埃瑟林顿-史密斯，《达利》，第4页。

16 伊安·吉布森，《萨尔瓦多·达利的可耻生活》，第67页。

17 萨尔瓦多·达利，《日记：1919～1920年》（*Un Diari: 1919–1920*），加拉-萨尔瓦多·达利基金会，菲格雷斯，第105页。

18 克里斯蒂娜·朱杰，《青少年艺术家的肖像》，加拉-萨尔瓦多·达利基金会，2005年9月12日。

第四章：从隐士到马德里的时髦绅士

1 萨尔瓦多·达利，《我的秘密生活》，第176页。

2 圣费尔南多皇家美术学院，网址：http://www.ealacademiabellasartessanfernando.com/es/academia/edificio。

3 萨尔瓦多·达利，《我的秘密生活》，第151页。

4 萨尔瓦多·达利，《我的秘密生活》，第160页。

5 萨尔瓦多·达利，《我的秘密生活》，第159页。

6 罗伯特·德夏恩斯与吉尔斯·内雷特，《萨尔瓦多·达利》，第17～18页。

7 埃里克·谢恩斯（Eric Shanes），《萨尔瓦多·达利的生活与名作》（*The Life and Masterworks of Salvador Dalí*）电子版，天普时（Temporis）收藏公司，2010年。

8 萨尔瓦多·达利，《我的秘密生活》，第184页。

9 萨尔瓦多·达利，《我的秘密生活》，第198页。

10 同上。

11 蒙特塞·阿圭尔（Montse Aguer），《达利与菲杰斯：睿智而最真诚的合作》（*Dalí and Fages: 'that intelligent and most cordial of collaborations'*），加拉-萨尔瓦多·达利基金会，网址：https://www.salvador-dali.org/en/research/archives-en-ligne/download-documents/6/dali-and-fages-that-intelligent-and-most-cordial-of-collaborations。

12 萨尔瓦多·达利，《我的秘密生活》，第201页。

13 埃斯特万·莱亚尔·帕洛玛（Esteban Leal, Paloma），《弹吉他的皮耶罗（立体主义绘画）》[*Pierrot tocant la guitarra（Pintura cubista）*]，索菲亚王后国家艺术中心博物馆，1990年，网址：http://www.museoreinasofia.es/en/collection/artwork/pierrot-tocant-guitarra-pintura-cubista-pierrot-playing-guitar-cubist-painting。

14 罗伯特·德夏恩斯与吉尔斯·内雷特，《萨尔瓦多·达利》，第26页。

15 萨尔瓦多·达利，《我的秘密生活》，第206页。

16 埃里克·谢恩斯，《萨尔瓦多·达利的生活与名作》，第12页。

17 萨尔瓦多·达利，《我的秘密生活》，第204页。

第五章：在巴黎崭露头角

1 萨尔瓦多·达利，《我的秘密生活》，第209～210页。

2 萨尔瓦多·达利，《我的秘密生活》，第204页。

3 萨尔瓦多·达利，《我的秘密生活》，第205页。

4 伊安·吉布森，《萨尔瓦多·达利的可耻生活》，第149页。

5 埃里克·谢恩斯，《萨尔瓦多·达利的生活与名作》，第22页。

6 伊安·吉布森，《萨尔瓦多·达利的可耻生活》，第155页。

7 萨尔瓦多·达利，《圣塞巴斯蒂安》，《艺术之友》，第二年度第16期1927年7月31日刊，锡切斯，第52～54页。

8 埃里克·谢恩斯，《萨尔瓦多·达利的生活与名作》，第25页。

9 萨尔瓦多·达利，《我的秘密生活》，第207页。

10 萨尔瓦多·达利，《我的秘密生活》，第206页。

11 罗伯特·德夏恩斯与吉尔斯·内雷特，《萨尔瓦多·达利》，第27页。

12 伊安·吉布森，《萨尔瓦多·达利的可耻生活》，第202页。

13 伊安·吉布森，《萨尔瓦多·达利的可耻生活》，第205页。

14 萨尔瓦多·达利，《我的秘密生活》，第210页。

15 伊安·吉布森，《萨尔瓦多·达利的可耻生活》，第203～204页。

16 萨尔瓦多·达利，《我的秘密生活》，第220页。

17 伊安·吉布森，《萨尔瓦多·达利的可耻生活》，第210～211页。

18 埃里克·谢恩斯，《萨尔瓦多·达利的生活与名作》，第96页。

19　萨尔瓦多·达利，《我的秘密生活》，第217页。

20　萨尔瓦多·达利，《我的秘密生活》，第218页。

21　萨尔瓦多·达利，《我的秘密生活》，第218页。

22　安妮特·格兰特（Annette Grant），《拥抱超现实主义的三人婚姻》（*The Marriage à Trois That Cradled Surrealism*），《纽约时报》，2005年4月3日刊。

23　萨尔瓦多·达利，《我的秘密生活》，第233页。

第六章：步入超现实主义

1　《达利安三角》（*The Dalinian Triangle*），加拉-萨尔瓦多·达利基金会，网址：https://www.salvador-dali.org/en/museums/the-dalinian-triangle/。

2　萨尔瓦多·达利，《我的秘密生活》，第226页。

3　罗伯特·德夏恩斯与吉尔斯·内雷特，《萨尔瓦多·达利》，第37页。

4　萨尔瓦多·达利，《我的秘密生活》，第234页。

5　阿曼达·里尔，《我与达利的生活》，维京（Virgin）图书公司，伦敦，1985年，第25页。

6　雷切尔·库珀（Rachel Cooper），《评论：性心理疾病》（*Review-Psychopathia Sexualis*），《元心理学心理健康》（*Metapsychology Mental Health*），2003年，http://metapsychology.mentalhelp.net/poc/view_doc.php?type=book&id=1562。

7　埃里克·谢恩斯，《萨尔瓦多·达利的生活与名作》，第102～103页。

8　罗伯特·德夏恩斯与吉尔斯·内雷特，《萨尔瓦多·达利》，第50页。

9　萨尔瓦多·达利，《萨尔瓦多·达利不可言喻的自白（1973）全集》第二卷，德斯蒂诺（Destino）出版社，巴塞罗那/加拉-萨尔瓦多·达利基金会，菲格雷斯，2003年，第463页。

10　萨尔瓦多·达利，《我的秘密生活》，第250页。

11　埃默拉尔德·塔夫茨（Emerald Tufts），《偏执狂的方法》（*Paranoid-Critical Method*），网址：http://emerald.tufts.edu/programs/mma/fah188/clifford/Subsections/Paranoid%20Critical/paranoidcriticalmethod.html。

12　同上。

13　萨尔瓦多·达利，《我的秘密生活》，第251页。

14　萨尔瓦多·达利，《我的秘密生活》，第252页。

15　萨尔瓦多·达利，《我的秘密生活》，第253页。

16　萨尔瓦多·达利，《我的秘密生活》，第253～254页。

17　罗伯特·德夏恩斯与吉尔斯·内雷特，《萨尔瓦多·达利》，第55页。

18　萨尔瓦多·达利，《我的秘密生活》，第258页。

19　萨尔瓦多·达利，《我的秘密生活》，第257～258页。

20　萨尔瓦多·达利，《我的秘密生活》，第258页。

21 紫外线，原名伊莎贝尔·迪弗雷纳（Isabelle Dufresne），《15分钟的名声：我与安迪·沃霍尔共度的岁月》，哈考特·布雷斯·乔瓦诺维奇（Harcourt Brace Jovanovich）出版公司，圣地亚哥，纽约州，1988年，第77页。

22 塞巴斯蒂亚·罗伊（Sebastià Roig），《埃姆波尔达三角》（The Empordà Triangle），加拉-萨尔瓦多·达利基金会，三角（Triangle）图书公司，菲格雷斯，2016年，第7页。

23 伊安·吉布森，《萨尔瓦多·达利的可耻生活》，第278页。

24 伊安·吉布森，《萨尔瓦多·达利的可耻生活》，第279页。

25 MoMA课堂，纽约，现代艺术博物馆，《记忆的永恒》，网址：https://www.moma.org/learn/moma_learning/1168-2。

26 伊安·吉布森，《萨尔瓦多·达利的可耻生活》，第280页。

27 吉尔斯·内雷特，《达利》，第34页。

28 道恩·阿德斯（Dawn Ades），《达利》，《世界艺术》书系，泰晤士和哈德森（Thames and Hudson）出版公司，伦敦，1992年，第70页。

29 伊安·吉布森，《萨尔瓦多·达利的可耻生活》，第285～286页。

第七章：吸引力、幻想和经济状况

1 加文·帕金森，《op.Cit》，网址：https://www.salvador-dali.org/en/research/archives-en-ligne/download-documents/16/salvador-dali-and-science-beyond-a-mere-curiosity#_ftnref11。

2 伊安·吉布森，《萨尔瓦多·达利的可耻生活》，第286页。

3 伊安·吉布森，《萨尔瓦多·达利的可耻生活》，第293页。

4 丽莎·雅各布斯（Lisa Jacobs），《朱利安》（Julien），列维超现实艺术画廊，网址：http://www.lisajacobsfineart.com/j_levy.pdf。

5 《超现实主义》，《艺术新闻》，1932年1月16日，第10页。

6 伊安·吉布森，《萨尔瓦多·达利的可耻生活》，第284页。

7 劳拉·弗里曼（Laura Freeman），《萨尔瓦多·达利与马塞尔·杜尚：皇家学院里的一对超现实主义怪人》（Salvador Dalí and Marcel Duchamp: the surreally odd couple at the Royal Academy），《星期日泰晤士报》（Sunday Times），2017年10月8日。

8 古根海姆博物馆，《萨尔瓦多·达利：液体欲望的诞生》（Salvador Dalí:Birth of Liquid Desires），网址：https://www.guggenheim.org/artwork/935。

9 伊安·吉布森，《萨尔瓦多·达利的可耻生活》，第299页。

10 英国皇家美术学院，《达利/杜尚》（Dalí/Duchamp），网址：https://www.royalacademy.org.uk/exhibition/dali-duchamp。

11 加文·帕金森，《op.Cit》。

12 彼得·莱尔（Peter Lyle），《克罗斯比夫妇：文学上最可耻的一对》（*The Crosbys: literature's most scandalous couple*），《每日电讯报》（*The Telegraph*），2009年6月19日。

13 萨尔瓦多·达利，《我的秘密生活》，第327页。

14 伊安·吉布森，《萨尔瓦多·达利的可耻生活》，第304页。

15 萨尔瓦多·达利，《我的秘密生活》，第324页。

16 吉尔斯·内雷特，《达利》，第36页。

17 萨尔瓦多·达利，《我的秘密生活》，第290页。

18 《巴巴奥》，加拉-萨尔瓦多·达利基金会，网址：https://www.salvador-dali.org/en/dali/dali-film-library/films-and-video-art/1/babaouo。

19 伊安·吉布森，《萨尔瓦多·达利的可耻生活》，第316页。

20 罗伯特·芒福德（Robert Mumford），《芒福德论1930年代现代艺术》，加利福尼亚大学出版社（University of California Press），2007年，第107页。

21 伊安·吉布森，《萨尔瓦多·达利的可耻生活》，第333页。

22 萨尔瓦多·达利，《我的秘密生活》，第327页。

23 同上。

24 同上。

25 萨尔瓦多·达利，《我的秘密生活》，第331页。

26 萨尔瓦多·达利，《我的秘密生活》，第328页。

第八章：我是超现实主义

1 萨尔瓦多·达利，《萨尔瓦多·达利不可言喻的自白（1973）全集》第二卷，德斯蒂诺出版社，巴塞罗那/加拉-萨尔瓦多·达利基金会，菲格雷斯，2003年。

2 伊安·吉布森，《萨尔瓦多·达利的可耻生活》，第344页。

3 苏珊娜·马丁内兹-康德（Susana Martinez-Conde）、戴夫·康利（Dave Conley）、汉克·海恩（Hank Hine）、琼·克罗夫（Joan Kropf）、彼得·图什（Peter Tush）、安德里亚·阿亚拉（Andrea Ayala）和斯蒂芬·麦克尼克（Stephen L. Macknik），《幻觉的奇迹：萨尔瓦多·达利艺术中的幻觉和感知》（*Marvels of illusion: illusion and perception in the art of Salvador Dalí*），《人类神经科学前沿》（*Frontiers in Human Neuroscience*），2015年9月。

4 《一个偏执批判小镇的郊外》，加拉-萨尔瓦多·达利基金会，网址：http://www.salvador-dali.org/cataleg_raonat/fitxa_obra.php?text=outskirts&obra=434。

5 伊安·吉布森，《萨尔瓦多·达利的可耻生活》，第349页。

6 萨尔瓦多·达利，《我的秘密生活》，第345页。

7 萨尔瓦多·达利，《我的秘密生活》，第346页。

8 萨尔瓦多·达利，《我的秘密生活》，第348页。

9　萨尔瓦多·达利，《我的秘密生活》，第350页。

10　同上。

11　伊安·吉布森，《萨尔瓦多·达利的可耻生活》，第348页。

12　乔治·梅利（George Melly），《天鹅映象》，魏登费尔德和尼科尔森（Weidenfeld and Nicholson）出版公司，伦敦，1982年，第6页。

13　伊安·吉布森，《萨尔瓦多·达利的可耻生活》，第351页。

14　萨尔瓦多·达利，《我的秘密生活》，第361页。

15　伊安·吉布森，《萨尔瓦多·达利的可耻生活》，第352页。

16　同上。

17　乔安娜·穆尔黑德（Joanna Moorhead），《穿潜水服的达利：几乎窒息的西班牙人如何将超现实主义带到英国》（*Dalí in a diving helmet: how the Spaniard almost suffocated bringing surrealism to Britain*），《卫报》，2016年6月1日。

18　同上。

19　萨尔瓦多·达利，《我的秘密生活》，第271页。

20　萨尔瓦多·达利，《我的秘密生活》，第332页。

21　萨尔瓦多·达利，《我的秘密生活》，第345页。

22　萨尔瓦多·达利，《萨尔瓦多·达利不可言喻的自白（1973）全集》第二卷，德斯蒂诺出版社，巴塞罗那/加拉-萨尔瓦多·达利基金会，菲格雷斯，2003年。

23　兰迪·肯尼迪（Randy Kennedy），《超现实主义先生去了好莱坞》（*Mr. Surrealist Goes to Tinseltown*），《纽约时报》，2008年6月29日。

24　特里·里格斯（Terry Riggs），《萨尔瓦多·达利：纳喀索斯的变形，1937年》（*Salvador Dalí, Metamorphosis of Narcissus, 1937*），泰特美术馆，1998年3月。

25　道恩·阿德斯，《达利》，第74页。

26　梅瑞狄斯·埃瑟林顿-史密斯，《达利》，第269页。

27　伊安·吉布森，《萨尔瓦多·达利的可耻生活》，第397页。

28　纳内特·沃森（Nanette Watson），《可可·香奈儿的拉帕萨别墅：历史建筑》（*Coco Chanel's Villa La Pausa, Houses with History*），2012年5月4日，网址：https://houseswithhistory.wordpress.com/2012/05/04/coco-chanels-villa-la-pausa/。

29　同上。

30　《酒神节》，1939年，达利绘画，网址：https://www.dalipaintings.com/bacchanale.jsp。

31　蒂娜·萨顿（Tina Sutton），《达利再见：芭蕾的超现实体验》（*Goodbye Dalí: A Surreal Experience at the Ballet*），马尔科娃作品，2013年8月。

第九章：在美国扎营

1　萨尔瓦多·达利，《液体欲望》（*Liquid Desire*），维多利亚州国立美术馆，2009年，第265页。

2　萨尔瓦多·达利，《时讯报》，1940年11月24日，引自《达利：世纪回顾》（*Dali: The Centenary Retrospective*），2004年。

3　伊安·吉布森，《萨尔瓦多·达利的可耻生活》，第405页。

4　艾略特·H.金（Elliott H.King）、蒙特塞·阿盖尔·特谢多（Montse Aguer Teixidor）、汉克·海因·威廉·杰弗特（William Jeffett），《达利晚期作品》，耶鲁大学出版社（Yale University Press）与高等艺术博物馆（High Museum of Art）联合出品，2010年，第15页。

5　萨尔瓦多·达利，《1959年珠宝评论》（*Comments on the Jewels, 1959*），《达利珠宝》（*Dali Jewels*），2001年。

6　罗伯特·德夏恩斯与吉尔斯·内雷特，《萨尔瓦多·达利》，第136页。

7　伊安·吉布森，《萨尔瓦多·达利的可耻生活》，第439页。

8　萨尔瓦多·达利，《隐藏的面孔》，彼得·欧文（Peter Owen）出版公司，伦敦，2016年。

9　马克·肖勒，《它很无聊，但它是艺术吗？》，《纽约时报》，1944年6月11日。

10　乔纳森·克劳（Jonathan Crow），《萨尔瓦多·达利前往好莱坞，为希区柯克和文森特·明奈利创造了狂野之梦序列》（*Salvador Dali Goes to Hollywood & Creates Wild Dream Sequences for Hitchcock & Vincente Minnelli*），《开放文化》，网址：http://www.openculture.com/2015/08/salvador-dali-goes-to-hollywood-creates-wild-dream-sequences-for-hitchcock-vincente-minnelli.html。

11　兰迪·肯尼迪，《超现实主义先生去了好莱坞》，《纽约时报》，2008年6月29日。

12　爱德华·奥尔登·朱厄尔（Edward Alden Jewell），《达利，一个谜？只有他的解释》（*Dali, An Enigma? Only His Exegesis*），《纽约时报》，1945年11月21日。

13　同上。

14　萨尔瓦多·达利，《萨尔瓦多·达利不可言喻的自白（1973）全集》（第二卷），《命运》，巴塞罗那/加拉-萨尔瓦多·达利基金会，菲格雷斯，2003年，第603页。

第十章：宗教和政治的蜕变

1　萨尔瓦多·达利，《天才日记》，太阳能艺术管理公司，1964年，第26页。

2　伊安·吉布森，《萨尔瓦多·达利的可耻生活》，第446页。

3　保罗·普雷斯顿（Paul Preston），《佛朗哥去世40年后，西班牙感受到了他的遗产》（*Spain feels Franco's legacy 40 years after his death*），BBC，网址：http://www.bbc.com/news/world-europe-34844939。

4　琼·多姆克（Joan Domke），《佛朗哥统治下的西班牙的教育、宗教和天主教》（*Education, Facism, and the Catholic Church in Franco's Spain*），芝加哥洛约拉大学学位论文，第10页。

5　《萨尔瓦多·达利：液体欲望》，维多利亚教育资源国家美术馆（A National Gallery of Victoria Education Resource），网址：http://www.ngv.vic.gov.au/dali/salvador/resources/DaliandReligion.pdf。

6　伊安·吉布森，《萨尔瓦多·达利的可耻生活》，第446页。

7　阿德里安·丹纳特（Adrian Dannatt），《达利在曼哈顿》（*Dalí in Manhattan*），圣瑞吉酒店线上杂志，网址：http://magazine.stregis.com/the-surreal-life-of-dali-in-new-york/。

8　安迪·沃霍尔，鲍勃·科拉塞洛（Bob Colacello），《安迪·沃霍尔的曝光》（*Andy Warhol's Exposures*），格罗塞特和邓拉普（Grosset & Dunlap）出版公司，纽约，1979年，第127页。

9　瑟罗·克利福德，《性、超现实主义、达利和我：卡洛斯·洛萨诺回忆录》，第36页。

10　紫外线，《15分钟的名声：我与安迪·沃霍尔共度的岁月》，第69页。

11　紫外线，《15分钟的名声：我与安迪·沃霍尔共度的岁月》，第71页。

12　罗莎·玛丽亚·毛瑞尔（Rosa Maria Maurell），《萨尔瓦多·达利作品中的神话：丽达的神话》（*Mythological References in the work of Salvador Dalí: the myth of Leda*），加拉-萨尔瓦多·达利基金会，网址：https://www.salvador-dali.org/en/research/archives-en-ligne/download-documents/3/mythological-references-in-the-work-of-salvador-dali-the-myth-of-leda。

13　同上。

14　伊安·吉布森，《萨尔瓦多·达利的可耻生活》，第454页。

15　伊安·吉布森，《萨尔瓦多·达利的可耻生活》，第456页。

16　伊安·吉布森，《萨尔瓦多·达利的可耻生活》，第458～459页。

17　《萨尔瓦多·达利：液体欲望》，维多利亚教育资源国家美术馆，网址：http://www.ngv.vic.gov.au/dali/salvador/resources/DaliandReligion.pdf。

18　萨尔瓦多·达利，《神秘主义宣言》，1951年，选自《萨尔瓦多·达利文集》（*The Collected Writings of Salvador Dali*），剑桥大学出版社，1998年，第364页。

19　乔纳森·琼斯，《庸俗而可怕，但也瞥见了一个奇怪的灵魂》（*Kitsch and lurid but also a glimpse of a strange soul*），《卫报》，2009年1月27日。

20　同上。

21　伊安·吉布森，《萨尔瓦多·达利的可耻生活》，第467页。

22　伊安·吉布森，《萨尔瓦多·达利的可耻生活》，第473页。

23　伊安·吉布森，《萨尔瓦多·达利的可耻生活》，第474页。

24 麦克斯·克莱默（Max Kramer），《基督形象。萨尔瓦多·达利：最后的晚餐的圣礼》，2010年2月21日，网址：https://www.joh.cam.ac.uk/sites/default/files/documents/21%20February%202010.pdf。

25 爱德华多·帕洛马尔·巴罗（Eduardo Palomar Baró），《达利 佛朗哥》（*Dalí Franquista*），弗朗西斯科·佛朗哥国家基金会，网址：http://www.fnff.es/Dali_franquista_2224_c.htm。

26 瑟罗·克利福德，《性、超现实主义、达利和我》，第39页。

27 萨尔瓦多·达利，《过时的现代艺术的不贞》（*Les Cocus du Vieil Art Moderne*），格拉塞（Grasset）出版公司，巴黎，2004年。

28 伊安·吉布森，《萨尔瓦多·达利的可耻生活》，第483页。

29 同上。

30 伊安·吉布森，《萨尔瓦多·达利的可耻生活》，第485页。

31 伊安·吉布森，《萨尔瓦多·达利的可耻生活》，第313页。

32 《迪斯尼与达利：想象力建筑师展》（*Disney and Dalí: Architects of the Imagination Exhibition*），网址：https://waltdisney.org/exhibitions/disney-and-dali-architects-imagination。

33 《萨尔瓦多·达利》，斯德哥尔摩当代美术馆，网址：https://www.modernamuseet.se/stockholm/en/exhibitions/dali-dali/salvador-dali/salvador-dali/。

34 伊安·吉布森，《萨尔瓦多·达利的可耻生活》，第493页。

35 《萨尔瓦多·达利：Ovocipède》，美联社图片，1959年12月22日。

第十一章：科学、精神和加拉的威严

1 《位于布波尔的"加拉-达利"城堡/历史》（*Gala Dalí Castle in Púbol. History*），加拉-萨尔瓦多·达利基金会，网址：https://www.salvador-dali.org/en/museums/gala-dali-castle-in-pubol/historia/。

2 《混乱与创造》，加拉-萨尔瓦多·达利基金会，网址：https://www.salvador-dali.org/en/dali/dali-film-library/films-and-video-art/7/chaos-and-creation。

3 沃尔特·罗宾逊（Walter Robinson），《周末更新》（*Weekend Update*），《艺术网》，网址：http://www.artnet.com/magazineus/reviews/robinson/robinson7-3-08.asp。

4 《达利工厂1号》（*Dalí's Factory I*），《Formidable》杂志，网址：http://www.formidablemag.com/salvador-dali-factory/。

5 《克里克与沃森1916～2004年》，BBC历史，地址：http://www.bbc.co.uk/history/historic_figures/crick_and_watson.shtml。

6 卡门·鲁伊斯（Carmen Ruiz），《萨尔瓦多·达利和科学：超越纯粹的好奇心》（*Salvador Dalí and science. Beyond a mere curiosity*），加拉-萨尔瓦多·达利基金会，

网址：https://www.salvador-dali.org/en/research/archives-en-ligne/download-documents/16/salvador-dali-and-science-beyond-a-mere-curiosity。

7　紫外线，《15分钟的名声：我与安迪·沃霍尔共度的岁月》，第72~73页。

8　紫外线，《15分钟的名声：我与安迪·沃霍尔共度的岁月》，第73页。

9　伊安·吉布森，《萨尔瓦多·达利的可耻生活》，第510页。

10　托斯顿·奥特，《萨尔瓦多·达利与安迪·沃霍尔：在纽约和其他地方邂逅》，施耐格和斯皮尔斯（Scheidegger & Spiess）出版公司，苏黎世，2016年，第109页。

11　伊安·吉布森，《萨尔瓦多·达利的可耻生活》，第527~528页。

12　阿曼达·里尔，《我与达利的生活》，第12页。

13　阿曼达·里尔，《我与达利的生活》，第13页。

14　阿曼达·里尔，《我与达利的生活》，第34页。

15　伊安·吉布森，《萨尔瓦多·达利的可耻生活》，第525页。

16　《达达主义、超现实主义及其遗产》（Dada, Surrealism,and Their Heritage），新闻稿，现代艺术博物馆，纽约，1968年3月25日。

17　萨尔瓦多·达利，《萨尔瓦多·达利不可言喻的自白（1973）全集》第二卷，德斯蒂诺出版社，巴塞罗那/加拉-萨尔瓦多·达利基金会，菲格雷斯，2003年。

18　塞尔温·利萨克，《全息空间中的达利》（Dalí in Holographic Space），国际光学工程学会专业杂志，2014年一月刊，网址：https://spie.org/membership/spie-professional-magazine/spie-professional-archives-and-special-content/2014_jan_archive_spie_pro/dali-in-holographic-space?SSO=1。

19　卡门·鲁伊斯（Carmen Ruiz），《"有什么新鲜事？委拉斯开兹。"萨尔瓦多·达利与委拉斯开兹》（'What's new? Velázquez.' Salvador Dalí and Velázquez），加拉-萨尔瓦多·达利基金会，网址：https://www.salvador-dali.org/en/research/archives-en-ligne/download-documents/2/what-s-new-velazquez-salvador-dali-and-velazquez。

20　伊安·吉布森，《萨尔瓦多·达利的可耻生活》，第555~556页。

21　杰夫·昆斯，《谁比达利画的面包更好？》（Who Paints Bread Better than Dalí?），泰特电子版，第三期，2005年春季版。

22　Lot104-萨尔瓦多·达利-精华版，Auction FR，网址：https://www.auction.fr/_fr/lot/salvador-dali-compression-3654448#.WiVQhVWnHRZ。

23　阿丽亚娜·兰瑟尔主页，20世纪大师作品，网址：http://20thcenturymasterworks.cybermill.com/lancell.html。

24　《风宫天花板的中央面板》，加拉-萨尔瓦多·达利基金会，网址：https://www.salvador-dali.org/en/museums/dali-theatre-museum-in-figueres/the-collection/123/central-panel-of-the-wind-palace-ceiling。

第十二章：不朽和死亡

1　蒙特塞·阿盖尔，《达利戏剧博物馆：艺术家痴迷研究的结果》（*The Dali Theatre-Museum: the result of an artist's obsessive zeal for research*），加拉-萨尔瓦多·达利基金会，网址：https://www.salvador-dali.org/en/research/archives-en-ligne/download-documents/7/the-dali-theatre-museum-the-result-of-an-artist-s-obsessive-zeal-for-research。

2　斯坦利·迈斯勒（Stanley Meisler），《你前所未见的萨尔瓦多·达利》（*Salvador Dalí as You've Never Seen Him*），《洛杉矶时报》（*LA Times*），2005年5月15日。

3　《达利，来自卡达克斯的天才》（*Dali, The Genius From Cadaqués*），《十字架海角在线》，网址：http://www.cbrava.com/en/magazine/dali-the-genius-from-cadaques/。

4　《迈克·华莱士与萨尔瓦多·达利的访谈》（*The Mike Wallace Interview with Salvador Dali*），1958年，网址：https://www.youtube.com/watch?v=eoKh0GU38BA。

5　《达利，来自卡达克斯的天才》，《十字架海角在线》，网址：http://www.cbrava.com/en/magazine/dali-the-genius-from-cadaques/。

6　《达利戏剧博物馆历史》（*Dalí Theatre-Museum History*），加拉-萨尔瓦多·达利基金会，网址：https://www.salvador-dali.org/en/museums/dali-theatre-museum-in-figueres/historia/。

7　伊安·吉布森，《萨尔瓦多·达利的可耻生活》，第563页。

8　苏珊娜·马丁内兹-康德，《灵感源于<科学美国人>杂志的达利名画》（*Dali Masterpieces Inspired by Scientific American*），《科学美国人》杂志，2014年6月17日。

9　《加拉凝视地中海，在18米远处成为亚伯拉罕·林肯的肖像画（向罗斯科致敬）》（第二版），达利博物馆，http://archive.thedali.org/mwebcgi/mweb.exe?request=record;id=152;type=101。

10　伊安·吉布森，《萨尔瓦多·达利的可耻生活》，第569页。

11　詹姆斯·M.马卡姆（James M.Markham），《对于萨尔瓦多·达利而言，生活本身已经变成一块超现实主义画布》（*For Salvador Dalí, Life Itself Has Become a Surreal Canvas*），《纽约时报》，1980年10月12日。

12　伊安·吉布森，《萨尔瓦多·达利的可耻生活》，第574页。

13　詹姆斯·M.马卡姆，《对于萨尔瓦多·达利而言，生活本身已经变成一块超现实主义画布》，《纽约时报》，1980年10月12日。

14　伊安·吉布森，《萨尔瓦多·达利的可耻生活》，第583页。

15　同上。

16　伊安·吉布森，《萨尔瓦多·达利的可耻生活》，第585页。

17　伊安·吉布森，《萨尔瓦多·达利的可耻生活》，第586页。

18　梅瑞狄斯·埃瑟林顿-史密斯，《达利》，第472页。

19　罗伯特·德夏恩斯与吉尔斯·内雷特，《萨尔瓦多·达利》，第200页。

20　塞巴斯蒂亚·罗伊，《埃姆波尔达三角》，第194页。

第十三章：达利式神话

1　《关于达利和他在利加特港工作室的纪录片》，加拉-萨尔瓦多·达利基金会，网址：https://www.salvador-dali.org/en/services/press/news/343/documentary-on-dali-and-his-studio-in-portlligat。

2　乔纳森·琼斯，《庸俗而可怕，但也瞥见了一个奇怪的灵魂》，《卫报》，2009年1月27日。

3　伊安·吉布森，《萨尔瓦多·达利的可耻生活》，第485页。

4　托斯顿·奥特，《萨尔瓦多·达利与安迪·沃霍尔：在纽约和其他地方邂逅》，第15页。

5　《达利：艺术绘画》（*Dali, Art Painting*），《Time Out》巴黎版，网址：https://www.timeout.com/paris/en/art/dali。

6　杰夫·昆斯，《谁比达利画的面包更好？》，泰特电子版，第三期，2005年春季版。

7　爱德华·奥尔登·朱厄尔，《达利，一个谜？只有他的解释》，《纽约时报》，1945年11月21日。

8　《萨尔瓦多·达利居所：利加特港的历史》（*Salvador Dali House-Portlligat History*），加拉-萨尔瓦多·达利基金会，网址：https://www.salvador-dali.org/en/museums/house-salvador-dali-in-portlligat/historia/。

9　瑟罗·克利福德，《性、超现实主义、达利和我》，第39页。

10　塞巴斯蒂亚·罗伊，《埃姆波尔达三角》，第7页。

原版书图片索引

akg-images: 34 (Bildarchiv Monheim), 44 (Album / sfgp), 128 (picture-alliance)

Alamy Stock Photo: 11 (Photo 12), 43 (Alberto Paredes), 65 (The Print Collector), 83 (Pictorial Press Ltd), 99 (Peter Barritt), 104 top (Pictorial Press Ltd / photo Eric Schaal © Fundació Gala-Salvador Dalí, Figueres, 2018), 104 bottom (Chronicle), 119 (Photo 12), 121 right (Keystone Pic-tures USA), 129 (Jordi Sans Galito), 131 top (Hemis), 131 bottom (Lucas Vallecillos), 132–133 (Jeronimo Alba), 136 (Realy Easy Star / Giuseppe Masci), 146 (Hemis), 148–149 (PvE), 152 left (Pictorial Press Ltd), 160–161 (Prisma by Dukas Presseagentur GmbH)

Bridgeman Images: 4 (Salvador Dali 1957), 8 (Private Collection / Photo © Christie's Images), 17 (PVDE), 24 (PVDE), 29 (Private Collection), 32 (Private Collection / Photo © Christie's Imag-es), 39 bottom (Fundacio Gala-Salvador Dali, Figueres, Spain / Photo © AISA), 40 (Underwood Archives/UIG), 46 (Museo Nacional Centro de Arte Reina Sofia, Madrid, Spain), 48 (Private Col-lection / De Agostini Picture Library / G. Dagli Orti), 53 (PVDE), 55 (Museo Nacional Centro de Arte Reina Sofia, Madrid, Spain / Photo © AISA), 57 (Salvador Dali Museum, St. Petersburg, Florida, USA), 59 (Granger), 61 (Museum of Modern Art, New York, USA), 62 (SZ Photo / Sammlung Megele), 63 (Museo Nacional Centro de Arte Reina Sofia, Madrid, Spain), 64 (Staatsgalerie Moderner Kunst, Munich, Germany), 69 (Private Collection), 71 (Salvador Dali 1957), 72 (Museum of Modern Art, New York, USA), 75 (PVDE), 78 (Perls Gallery, New York, USA), 81 (Peggy Guggenheim Foundation, Venice, Italy), 82 (Private Collection), 84 top (Granger), 88 (Private Collection), 90 (Museum Boymans van Beuningen, Rotterdam, The Netherlands), 96 (Philadelphia Museum of Art, Pennsylvania, PA, USA / The Louise and Walter Arensberg Collection, 1950), 100 (Private Collection / Prismatic Pictures), 101 (Private Collec-tion / Photo© Christie's Images), 109 (Private Collection), 110 (Fukuoka Art Museum, Japan), 112 top (Marquette University Fine Art Committee, Milwaukee, WI, USA), 112

致谢

这是我的第一本书，主题又是神秘莫测的达利，对我而言是一项美妙却艰巨的挑战。我努力让自己沉浸在达利的个性和生活中，这段旅程略显艰难，但身边的亲友让我步履轻盈。我尤其要向我的伴侣若昂·保罗（Joao Paulo）表示最深情的感谢，他的爱和支持为我提供了无穷的力量，他主动承担了一些家庭琐事，让我有足够的时间研究和写作。

我衷心感谢我的父亲肖恩·布瑞克（Seán Bourke），在我的整个研究与写作过程中，他都是我的坚强后盾。他堪称本书的非官方编辑，睿智地提出了大量合理且有建设性的建议——这一工作对他来说得心应手，因为他的父亲和兄弟都是作家。我的继母史黛拉（Stella）不仅对我的初稿给予反馈，还毫无保留地鼓励我，尤其在我自我怀疑的低谷期。

此外，非常感谢挚友菲奥诺拉·麦考利夫（Fionnuala McAuliffe），了不起的菲奥诺拉花费大量时间对我的手稿给予客观反馈和积极鼓励。安娜贝尔、路易斯·阿尔法诺（Luis Alfano）、谢恩·奎尔蒂（Shane Quilty）和理查德·伯吉斯（Richard Burgess）帮助我寻找研究资料，并在创作过程中给予我特别的支持，我对此深表谢意。

我无法一一写出所有给予我帮助的亲友的名字，但我想说，我深深地感谢所有人。我要提及的最后一个人是维托·坎德亚斯（Vitor Candeias），每当我和他谈起这本书的进展时，他总是两眼发光，2018年2月18日，维托不幸去世，但他对我的鼓励仍然记忆犹新。

如果没有可爱的妮琪·戴维斯（Nicki Davis），这本书就不可能问世，她将我与这个选题联系在了一起。和妮琪一起工作十分愉快，我首次写书的过程充满了她的鼓励和耐心。本书的编辑迈克尔·布伦斯特罗姆（Michael Brunstrom）非常出色，他的反馈和建议对我意义重大，切实有效地帮助我将内容打磨得更好。

我看到这套书系的第一本书《弗里达·卡罗：用苦难浇灌的墨西哥玫瑰》后，欣然接受了白狮出版社的约稿，非常感谢所有为本书做出贡献的幕后工作人员。最后，我要感谢研究达利并与我谈论达利的每一个人。

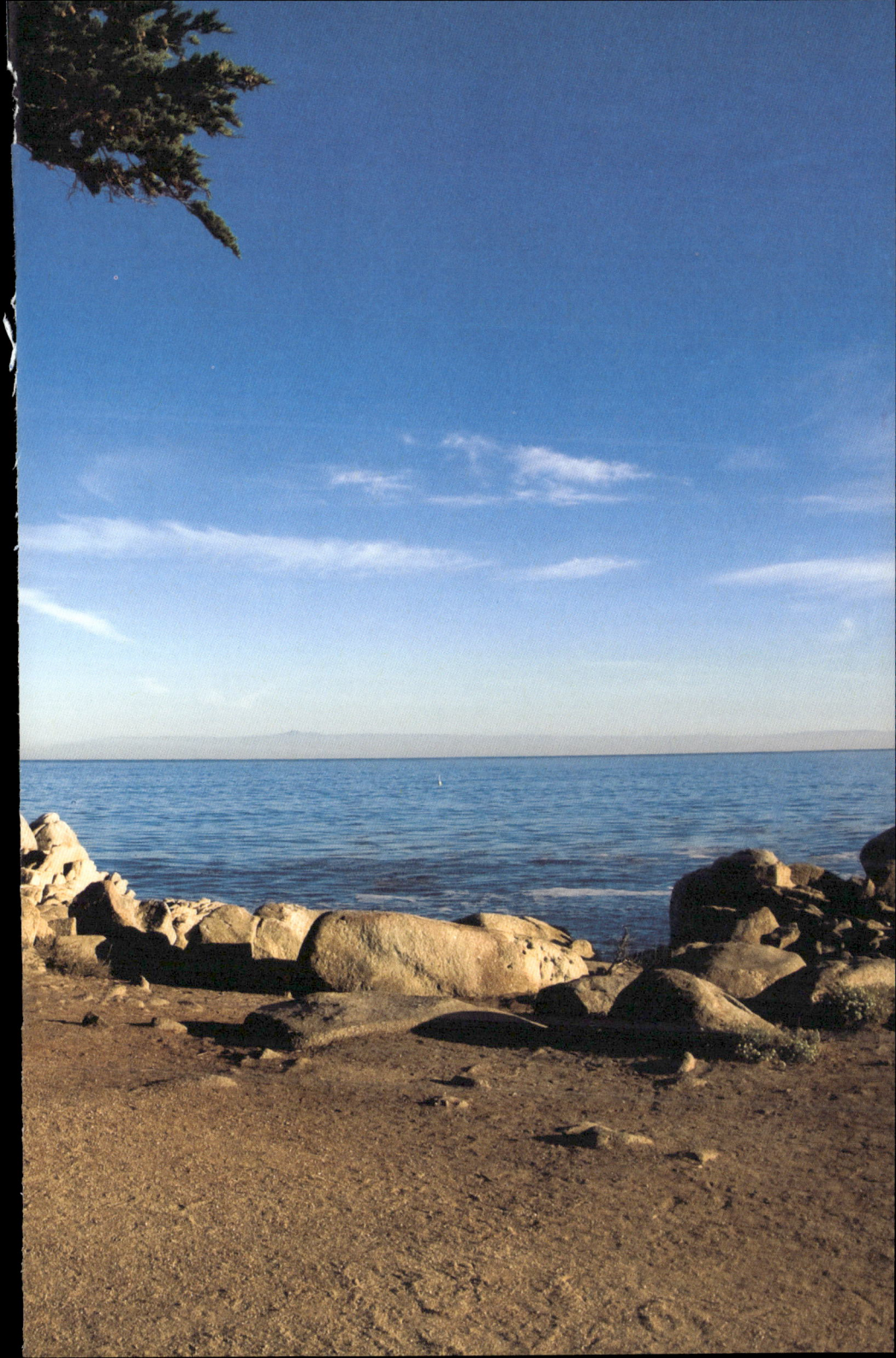

萨尔瓦多·达利：我是一个天才

SA ER WA DUO DA LI :WO SHI YI GE TIAN CAI

出版统筹：冯 波
特约策划：徐 捷
责任编辑：刘 玲
责任技编：伍先林
装帧设计：树实文化

著作权合同登记号桂图登字：20-2020-088 号

图书在版编目（CIP）数据

萨尔瓦多·达利 ：我是一个天才 /（爱尔兰）杰基·
德·伯卡著；邵旻，姚冰译. —桂林：广西师范大学出版
社，2020.4
（焦点艺术丛书）
书名原文：Salvador Dalí at Home
ISBN 978-7-5598-2748-7

Ⅰ. ①萨… Ⅱ. ①杰…②邵…③姚… Ⅲ. ①达利（Dalí,
Salvador 1904-1989）—传记 Ⅳ. ①K835.515.72

中国版本图书馆 CIP 数据核字（2020）第 053638 号

广西师范大学出版社出版发行

（广西桂林市五里店路 9 号 邮政编码：541004）
（网址：http://www.bbtpress.com）
出版人：黄轩庄
全国新华书店经销
广东省博罗县园洲勤达印务有限公司印刷
（广东省惠州市博罗县园州镇下南管理区勤达印务有限公司 邮政编码：516123）
开本：889 mm × 1 260 mm 1/32
印张：6.875 字数：176 千
2020 年 4 月第 1 版 2020 年 4 月第 1 次印刷
定价：78.00 元